让思想去旅行

小书馆

國學概論講話

谭正璧 著

图书在版编目(CIP)数据

国学概论讲话/谭正璧著. ——北京:当代中国出版社,2014.1
ISBN 978-7-5154-0352-6

Ⅰ.①国… Ⅱ.①谭… Ⅲ.①国学－概论 Ⅳ.①Z126

中国版本图书馆CIP数据核字(2013)第247519号

出 版 人	冀祥德
责任编辑	袁又文
封面题字	林 曦
责任校对	曲振洲
装帧设计	彭 立
出版发行	当代中国出版社
地 址	北京市西城区地安门西大街旌勇里8号
网 址	http://www.ddzg.net 邮箱: ddzgcbs@sina.com
编 辑 部	(010) 66572154 66572264 66572132
市 场 部	(010) 66572281或66572155/56/57/58/59转
印 刷	武汉贝思印务设计有限公司
开 本	787毫米×1092毫米 1/32
印 张	6.875印张 116千字
版 次	2014年3月第1版
印 次	2022年5月第4次印刷
定 价	28.00元

版权所有,翻印必究;如有印装质量问题,请拨打 (010) 66572159转出版部。

编辑者言

在中外出版物中，有一类小书，篇幅短小，语言通俗，轻松可爱，如溪水中的松影，自有一种清简之美。以中国近百年著述为例，朱自清先生的《经典常谈》，笔力轻点，便勾勒出文史研究的通幽曲径；吴经熊先生的《唐诗四季》，笔意蹁跹，文采斐然，堪称才情横溢的学术佳作；吕思勉先生的《三国史话》，明辨故实，条分缕析，还原一个本真的三国；王力先生的《诗词格律概要》不啻为作诗填词的入门捷径……这些"小而可贵的书"，无一例外，都是以大手笔写小文章，虽然没有"大书"那般洋洋洒洒的旁征博引，但见肉见骨的精华，绝对令人受益匪浅。它们不因时间而消逝，历久弥新，书香满口，为一般读者可读、可懂、可藏。

丛书名曰"小书馆"，顾名思义，就是专门荟萃这类小书的一套丛书。其所收小书的标准如下：不限门类，不限年代，不限国家，只要有文化的积淀，可喜的文字，阅读的趣味，未出版或虽已出版但市面上版本极少，又或者已绝版多年的小书，均为"小书馆"所收之范围。尤其是很多绝版多年的小书，曾为读书人所喜爱，但埋没已久，难觅其踪。"前人之努力，无数心血，唯愿时光不能将其尽数埋没"。拂去这些书上厚厚的时间之尘，这也是"小书馆"最初的缘起。但书海茫茫，收不胜收，"小书馆"不求规模的宏大，不限时间的长短，不拘门类的均衡，只要得中意的小书，达到一定册数，且可编为一辑的，便会推出。

"小书馆"所收之书，虽是小书，却是值得大观的。这套丛书的作者，很多为一派之宗，于他们各自的领域开山立派，影响着当时的思潮与风尚。诸如新理学的创立者冯友兰，中国民俗学之父娄子匡，与王国维、吴梅并称戏曲三大家之一的齐如山，诗书画印皆成一家风骨的白蕉，掌故学大师瞿兑之，数学科普大家刘薰宇，等等。还有一些作者虽然不如大师那样令人瞩目，但其著述同样会给我们耳目一新之感。

这些小书可谓是那些时代最具品质的文字，但它不是时髦的，也不是热门的，有的还是冷僻的。在此纷繁之世，出版这样的书，似乎有些不合时宜。但读书一事，不合时宜，未必是一件不好的事情。学者、出版家傅璇琮说："我觉得读冷僻书，犹如吃青皮橄榄，或喝毛尖绿茶，初似生涩，终有一种回味。不像赶时髦，趋热门，热闹一阵子，脑子里空空如也，什么也没有剩下。冷能避俗。"不过"人各有心，不能皆合"，正如你喜青皮橄榄、毛尖绿茶，他却喜口香糖、可乐，或是其他别的东西，喜者自喜，厌者自厌，但这无妨，自然与社会原本就是多样性的。"小书馆"不敢期望众人的青睐，但求为这个时代依然还能沉浸在阅读中的读书人，提供几本可看的书，也就够了。

林语堂先生曾说，读书完全是个人享乐的一件事。这样看来，读书亦如吃饭、打牌、下棋、聊天、看电视等，并没有什么值得夸耀之处。但迄今为止，书籍仍是人类最高级的精神活动的文字记录，关乎心智、成长、品位……如此，于闲暇之际，一壶茶，一册书，去寻得书中的乐趣，开始惬意的思想之旅，岂不快哉！

让"小书馆"与您结伴而行。

"小书馆"编辑部
二〇一三年十二月十六日

写在前面

不记得从哪里看来这么一段典故：说是在一九三〇年，三十岁的年轻学人谭正璧写了一本《中国女性的文学生活》，因为角度独特，引起很多读者注意。某天一群女学生到书店买此书，嫌书名太长，索性说："买一本谭正璧。"这本书再版多次，后来改书名为《中国女性文学史》。

这则小典故的主角谭正璧先生，是二十世纪文史学界的著名人物，尽管对如今的读者来说或许多少显得陌生了些，要知道他的同行，同样以治小说史、戏曲史闻名于世的赵景深先生曾称他"著作三身"，虽不无玩笑的意味，却也可见谭先生的著述之丰富。他一生留下各类著作达一百五十种之多，总字数超过千万，这个数字确是很惊人的。

这次摆在读者面前的是谭先生的一本小书：《国学概

论讲话》，一本几万字的小册子，蔡元培亲自为书名题签，由上海光明书局初版于一九三三年九月，那时的作者方届而立之年。

一说起"国学概论"这个词，人们大多会想起现代学术史上的两本书：其一是一九二二年章太炎先生的那本鼎鼎大名的著作，虽是由初出茅庐的曹聚仁笔录而成，但据说太炎先生也甚为嘉许；其二是钱穆先生的那一本《国学概论》，这是钱先生根据自己一九二三至一九二八年间先后在无锡省立第三师范学校以及省立苏州中学课堂讲义编撰而成。

这两本书都算得体大思精的名作，青年谭正璧的后出之作在深度上自然无法与之比肩，当然年轻的作者也未必有一争高下的念头，读他的编辑凡例和导言便能发现作者的思路与上述两本作品的不同旨趣。

这本小册子冠以"讲话"之名，自然考虑的是浅显通俗。太炎先生那本书尽管尽可能保留了现场感，却并不易读，他口中的"国学"大致仍是传统的经学和子学的范围，只不过不同于清儒的训诂考据的纯粹冷静，而是融入了相当数量的独特而峻急，大胆甚至不惜偏颇的立论。这本演讲稿的不少地方章先生是借古人的酒杯，却满斟自己的一盏酽茶。而钱先生那部作品尽管是面对中学的讲义编写而成，用的却是典雅的文言，讲述更多的是思想史的发展演变，和章先生那本更是泾渭分明，用钱先生的话说，是"学术本无国界。'国学'一名，前既无承，将来亦恐不立。……本书特应学校教科讲义之需，不得已姑采梁氏《清代学术概论》大意，分期叙述。于每一时代学术思想主要潮流所在，略加阐发。其用意在使学者得识二千年来本国学术思想界流转变迁之大势，以培养其适应启新的机运之能力。时贤或主以经、史、子、集编论国学，如章氏《国学概论》讲演之例。亦难赅备，并与本书旨趣不合。窃所不取。"

谭先生写这部《讲话》，则有意无意地避开了这些也许略显艰涩的内容，给自己开辟出一条新的小路。

从"编辑凡例"上来看，这部书很务实，且抄录几条出来看看：

一　本书专供高中及大学教本或参考之用。

……

三　本书注重知识的真确，材料的实用，故锐意不务深奥，全用白话叙述。

四　本书凡分五讲：第一讲为总论，余以经学、子学、史学、文学分类。凡国学上之基本知识，均

已搜辑无遗。

看它的后文，的确是删繁就简三秋树的做法，不追求异峰突起的学术个性，也不奢望汪洋恣肆的深厚功力，只尽量做一个清晰明了的脉络简介。每一节后还附以思考问答题，一般教师用作讲义也可，年轻学子自读也觉轻便可喜。虽然偶尔有点以偏概全，却也不失自家的面目，比如概述古典诗歌时有一段妙语：

> 唐诗可称为平民的文学，因作者大部为平民。宋、元、明、清四朝诗人，无一不是达官，没有一个平民，故被称为贵族文学。因为宋时的平民诗人都在作词，元明的平民诗人都在作曲，清时平民诗人都在作弹词、山歌和小曲。他们在向另一方面发展，都在从事于时代的文学，所以任那旧体诗坛为贵族文学家所独占了。

读这本小册子，最令我觉得有意思的是它的"导言"，全然不像一般学术著作的恬淡理性，更像是鲁迅先生的锋芒乍现的杂文风格，全篇都弥漫着一种焦虑和激愤，在解释什么是国学时，作者几乎完全摒弃了学院派的路

子,他这样说:

> 国学又名国故学,亦名旧学;系对西学、洋务、新学而言。在海运未通之前,中国闭关自守,国人的心目中,只有中国而无世界,以为中国即是世界。一切的学术,既没有国界可分,故无从产生所谓国学。后来海运大开,中西交通日繁,西洋学术文化,因之东渐,于是产生了所谓西学,随即也有了所谓国学。张之洞说的'中学为体,西学为用','中学'就是国学,'西学'就是西洋传来的文化学术,中、西对称,大约在这个时候才开始。

> 为了羡慕西洋人物质生活的舒服,于是引起中国人对于自己的一切的厌恶。所以凡是带着'洋'化的东西,即使原料是中国的,是中国人在中国做的,他的价值也会比中国旧有的增高,而且又是特别的爱好。为什么同样一只坐人的椅子,沙发要比旧式椅子的价钱大几倍?做西装工人的工钱,比做中装的工钱来得高?一本布面洋装书,比线装的定价要高贵?这种种疑问,已经用不到人家来替我们解释,我们都已明白洞晓了。

这哪里是思想史、学术史的写法,然而读者却能从中读到特定时代里的特定的风气。

当然除了这些普遍存在的焦虑和激愤之外,作者也有清澈爽利活泼泼的语言。抛开内容不说,本身即是可诵的文章,如在论及诗歌的起源时,有这样的句子:

> 诗歌是怎样发生的呢?人类是最富于想像和情感的高等动物,当在太古时代,他们刚从原人进化而为纯粹的人类,对付环境,渐由用手而趋于用脑,于是渐渐有了灵敏的感觉。他们受到大自然的种种赐予,不免欢喜而感激,便不期然而然的发出一种赞叹歌慕的声音,自然而和谐,流利而清亮,不但倾泻自己的快感,还可以感动他人,促成同样的快乐。这样,诗歌便发生了。

单以言辞论,像不像后来林庚先生诗一般美丽的《中国文学简史》?

尤其能突显作者学术眼光的是,作者把"弹词"专辟了一节来讲,把它和诗、词并列,予以独立的文学史地位,此一观念亦属大胆之举了,是章太炎、钱穆二位先生所必不会有的。

回到曹聚仁笔录的那本《国学概论》,在书前"小识"里,曹先生说:

> 任在何时何地的学者,对于青年们有两种恩赐:第一,他运用精利的工具,辟出新境域给人们享受;第二,他站在前面,指引途径,使人们随着在轨道上走。因此可以说:学者是青年们的慈母,慈母是兼任饲育和扶持两种责任的。

谭正璧先生的这本小册子也许并不想承担这种"恩赐"的使命,他所愿意的,不过是一些日常家居的围炉闲话,听得入耳便不妨打起精神,纵使夜寒风冷,也能略破岑寂罢。

舒 罕

二〇一四年一月十二日

编辑凡例

一 本书专供高中及大学教本或参考之用。

二 全书字数约六万,以全年四十周计,每周二小时,约授一千五百字,适供一学年之用。

三 本书注重知识的真确,材料的实用,故辞意不务深奥,全用白话叙述。

四 本书凡分五讲:第一讲为总论,余以经学、子学、史学、文学分类。凡国学上之基本知识,均已搜辑无遗。

五 本书文学一讲,系以文学的体制分节,作横的叙述,与文学史之为纵的叙述者不同,故即在同级同年教授,不但无重复之嫌,反可藉以互相发挥。

六 本书每节后均附有问题,以便教者发问,学者复习,有所依据。

七 本书系采集参考书数十种,斟酌个人教授之经验编成;故取材或与它书间有雷同,而体制则全然异致。

八 本书专从国学本体作客观的研究,无主观的偏见,叙述如有谬误,尚冀国内外专精此学之大师是正。

一九三三,八,三〇 编者附识

目 次

第一讲 导 言 …………………………… 1
  第一章 国学的定义 …………………… 2
  第二章 国学的目的 …………………… 6
  第三章 国学的分类 …………………… 9
  第四章 国学的方法 …………………… 14

第二讲 经 学 …………………………… 19
  第一章 总论 …………………………… 20
    一 经的定义 ………………………… 20
    二 经目的演化 ……………………… 21
    三 经学的派别 ……………………… 24
  第二章 各论 …………………………… 28
    一 《易经》 ………………………… 28
    二 《书经》 ………………………… 31
    三 《诗经》 ………………………… 34
    四 "三礼" ………………………… 38

五　《春秋》及"三传"..................43

　　六　《论语》..........................48

　　七　《孝经》..........................50

　　八　《大学》与《中庸》..............53

　　九　附——小学......................55

第三讲　子　学..........................61

第一章　总论............................62

　　一　子的定义........................62

　　二　诸子的来源......................63

　　三　诸子的派别......................66

第二章　各论............................70

　　一　儒家............................70

　　二　道家............................76

　　三　阴阳家..........................83

　　四　法家............................88

　　五　名家............................93

　　六　墨家............................97

　　七　附——杂家及其他..............102

第四讲　史　学........................107

第一章　总论..........................108

一　史的定义..........108
　　二　史的分类..........109
　　三　史学的沿革..........113
　第二章　各论..........118
　　一　纪传上..........118
　　二　纪传中..........123
　　三　纪传下..........127
　　四　编年..........132
　　五　纪事本末..........137
　　六　政书..........142
　　七　附——史评..........146

第五讲　文　学..........151
　第一章　总论..........152
　　一　文的定义..........152
　　二　文学的起源..........154
　　三　文学的分类..........155
　第二章　各论..........159
　　一　诗歌..........159
　　二　赋..........167
　　三　词..........172
　　四　小说..........176

五　弹词............................183
　　六　曲..............................186
　　七　附——古文与文论.................191

本书所依据的重要书籍目录................195

第一讲

导 言

第一章　国学的定义

何谓国学？回答这个问题，比回答何谓文学要简单而容易得多。何谓文学的答案，有古今中外的不同；何谓国学？仅是现代中国学术界流行的半新不旧的名词，于古无征，于外国更无什么特殊的解释。

国学又名国故学，亦名旧学；系对西学、洋务、新学而言。在海运未通之前，中国闭关自守，国人的心目中，只有中国而无世界，以为中国即是世界。一切的学术，既没有国界可分，故无从产生所谓国学。后来海运大开，中西交通日繁，西洋学术文化，因之东渐，于是产生了所谓西学，随即也有了所谓国学。张之洞说的"中学为体，西学为用"，"中学"就是国学，"西学"就是西洋传来的文化学术。中、西对称，大约在这个时候才开始。

由此看来，所谓国学，不过是指中国的学术而言，以示和西洋的学术不同，并无什么费解，也没有什么特殊的意义。就是有人把它解作中国的文学,那么所谓文学,也是指广义的文学,中国人自己所称的文学,其意义和学术没有什么两样。国学的意义既是这样的简单而明白,为什么还会引起人家的误解而又受到人家的攻击呢?

为了羡慕西洋人物质生活的舒服,于是引起中国人对于自己的一切的厌恶。所以凡是带着洋化的东西,即使原料是中国的,是中国人在中国做的,它的价值也会比中国旧有的增高,而且又是特别的爱好。为什么同样一只坐人的椅子,沙发要比旧式椅子的价钱大起几倍?做西装工人的工钱,比做中装的工钱来得高?一本布面洋装书,比线装的定价要贵?这种种疑问,已经用不到人家来替我们解释,我们都已明白洞晓了。

在弥漫着这样心理的社会里,国学在没有洋化以前,那里会不遭到厄运?于是有人起来大叫:"推翻乌烟瘴气的国学!"他们的理由是:一、来历不明。在中国书中查不出它的来历,大概就是西洋人所谓支那学。但支那学这名称,含有繁杂混乱,无法理清,还是一团糟的意思,是西洋人给我们的一种耻辱。二、界限不清。国学是什么,还没有一个合理的定义。三、违反现代科学的分析精神。因为"国学"两个字,犯了囫囵吞枣的大毛病,人人要想做到"万物皆备于我"的圣人,结果往往弄得一物亦不备。四、以一团糟的态度对待本国的学术。世界上并没有什么德国学、法国学、美国学、英国学，何以中国独有国学？因为他们对于世界学术上的贡献各有所长，如德国的科学和史学，美国的新的社会科学，法国的文学和哲学，英国的文学、经济学和政治学；中国独无所供献，名曰"国学"正表明它还在一团糟的状态里。

上述的四个理由：所谓来历不明，就是于古无征。因为于古无征，就以为应该打倒，在洋式的逻辑上也未见得讲得通。至以为即是西洋学者所谓"支那学"，是西洋人给我们的一种耻辱，那全是自己疑心生鬼。况且，"国学"二字本来是国货，何必定要向外洋硬拉进来？其他二、三、四三个理由，都是国学家的态度问题，和国学的本身无关。一个学者专研文学或哲学而有所供献，固然最好；但他如果于文学外再研哲学，或于文学、哲学外再研史学、社会学，我们如何能说他不好？那么国学家的喜欢"万物皆备于我"，何能独加深恶呢？就是退一步讲，以为一个人要全研各种学术是不该的，那么只是研究者本人的当不当，在学术本身没有是非可说。况且国学家又不曾昭告我们，一定要"万物皆备于我"，而不许我们专研其一。这种不合逻辑及张冠李戴的理由，只有崇拜西洋学术的中国学者才说得出，我们却始终觉得莫名其妙。

也有人出来主张："且慢谈所谓国学！"他们以为在现代的中国，不去获得世界的知识，研究现代的科学，做一个有工作能力的人，而去做那不急之务的国学，那是可以叹息的事，这话也似是而实非。在我们未经断定国学所包含的学术无一能适用于现代之前，我们便不能就认研究国学为不急之务。况且国学家也未曾硬要中国人都来研究国学，欢喜研究与否，全在你自己的高兴不高兴。同样，"且慢谈所谓'国学'！"也没有人来强制你不要"慢谈"，可以随你尊便；不过你也不能强制人家，也来跟着你"慢谈"。

总而言之，国学的值得研究与否，非研究后不能预知；我们越对于国学怀疑，我们越非加以研究不可。

〔问题〕

(1) 国学是怎样产生的？

(2) 何谓国学？

(3) 为什么有人高叫"推翻乌烟瘴气的国学"？他们的见解怎样？有什么差误？

(4) 主张"慢谈国学"的见解怎样？有什么差误？

(5) 为什么要研究国学？

第二章 国学的目的

如果因为西洋人研究中国国学的很多,我们对于自己的国学不可不研究,所以也来研究国学,这种态度是很危险的。因为他们根本上没有明白国学是什么,也没想到要去研究国学的原因,只不过是因循的盲从,胡乱的提倡。结果,不是所得的肤浅不足道,便是愈研究愈失其真。所以我们不研究国学则已,否则非彻底了解研究国学的主因,便不能得到良好的收获。

我们要研究国学的主因,曹聚仁以为可以分做四层来讲明:国学在中国有数千年的历史。我们过去的智识,和它发生密切的因果关系。因此我们急要明白,国学的精华何在?它以后还有存在的价值没有?如果国学是腐败的骸骨,不该容它存留着,我们可赶快荡除净尽。如其中尚包藏着精金,也应从速发掘。决不可彷徨歧路,靡所适从。在取舍问题亟待解决当中,非研究国学,别无解决的途径。这是第一层原因。

在我们以前，既没有人曾把国学整理一下，到现在，正如那些崇拜"洋"字的人所说，还仿佛一大堆乱书，政治、哲学、伦理、宗教以及其他各种科学都包含着。我们既要明白其中究竟是怎样的，非坐待可以得到，及今用精力把它系统地整理起来，或者能够观察明白，使后人也得着好处。所以要谋学术的共同便利，也非将国学研究一下不可。这是第二层的理由。

现代大部分的青年都感受着无限的苦痛。因为他们心里要想接受适合人生真义的"新"，但社会上"旧"的势力依旧膨胀到极点，稍一反动，灵肉两方面都得着痛苦。那旧的也不过借国学做护符（军阀和老顽固，都把孔老夫子来撑门面），国学经过他们手里，已变成糟粕的形式、呆板的教条了。我们如不把国学的真面目抬出，他们决不敛形息声的。要找出国学的真面目，自然须下一番研究工夫。这是第三层原由。

我们对于西方文化学术，固当合理的迎纳，但自己背后还有国学站着。这二种文化，究竟如何使它沟通，也是目前亟要解决的问题。我们对于国学所含的原子不明白分析出来，如何能叫它和别种化合？所以要先研究国学，才找得出沟通的方法。这是第四层原因。

我们明白了上述的四个原因,便知我们在现在研究国学,非但不是不急之务,反为急迫的需要。而且,抱了这样的态度研究国学,那便决不是因循的盲从,而也决不会胡乱的提倡了。

〔问题〕

(1) 抱哪种态度去研究国学是差误的?

(2) 研究国学有哪几种目的?

(3) 研究国学是否为不急之务?

第三章　国学的分类

中国的历史是这样的久长，中国的地域是这样的广袤，所以关于国学的书籍虽称"浩如烟海"，但从没有人嫌其过多。经过了前人许多次的分门别类，直到今日，经、史、子、集的四分制，还在广多的应用。这种分类法，在现代目录学家看来，自然是毫无意义。但在一般研究国学的人，却还以为没有打破的必要，因为有它的历史的意义和价值存在。

中国书籍的分类，起源于六经。六经确已是六种性质不同的书籍。汉代刘歆校理秘书，分群书为"六略"，而冠以《辑略》，所以叫做"七略"。"六略"就是：六艺略、诸子略、诗赋略、兵书略、术数略及方技略。其中所谓六艺，就是后来的经部；诗赋，就是后来的集部；诸子、兵书、术数及方技，便是后来的子部。至于后来属于史部的书，像《世本》、《战国策》、《楚汉春秋》、《太史公书》、《汉著记》等，他却列入春秋类；《古封禅群祀》、《封禅议对》、《汉封禅群祀》等，却列入礼类；《高祖传》、《孝文传》等，却列入儒家类。稍后，班固作《汉书·艺文志》，便完全依据《七略》，不过删去了《辑略》罢了。

到了魏代，荀勖作《中经簿》，始分为甲、乙、丙、丁四部。他以六艺、小学为甲部，诸子、兵书、术数为乙部，史记及其他记载为丙部，诗、赋、图、赞为丁部。晋李充为著作郎，重分四部，以五经为甲部，史记为乙部，诸子为丙部，词赋为丁部，经、史、子、集的次序才确定。南朝宋王俭复作《七志》，分为经典史记、诸子、文翰、军书、技术、佛及道七类。梁阮孝绪作《七录》，把《七志》的经典史记分为二，诸子、兵书合为一，重分为经典、纪传、子兵、文集、技术、佛及道七类。但隋、唐以后，诸史的《经籍志》或《艺文志》以及私家著录的书目，大都采用李充的分类。至于正式采用经、史、子、集的部目，而每部更分细类，却始于《隋书·经籍志》。它把经部分为十类，为易、书、诗、礼、乐、春秋、孝经、论语、图纬及小学。史部分为十三类，为正史、古史、杂史、霸史、起居注、旧事、职官、仪注、刑法、杂传、地理、谱系及簿录。子部分为十四类，为儒家、道家、法家、名家、墨家、纵横家、杂家、农家、小说家、兵法、天文、历数、五行及医方。集部分为三类，为楚辞、别集及总集。此外道家的经、戒、符、箓，佛教的经、律、论、疏，都著为附录。自后诸史《艺文》或《经籍志》，一直到《四库全书总目》，都沿用他的分法；虽然子部的范围，时有增损，然大体没有很多的改变。

自古迄今，中国究有多少书籍？这也是个不能回答而又不能不问的问题。历来因《四库全书》的结集期较近，且所收较多，往往用他来代表中国所有一切的书籍的总量。其实，古书为《四库全书》所不收或失收的，不知尚有多少；即在《四库全书》结集后新著的，亦不知究有多少。到现在为止，如把他统计起来，其数目一定很可以惊人的。现在姑就《四库全书》所收，按类叙述他的部数及卷数，末了再叙他的总部数及总卷数，以见中国书籍数量的一斑。

《四库全书》分经部为易、书、诗、礼、春秋、孝经、五经总义、四书、乐及小学十类，凡著录八〇六部，九九一八卷。存目一六〇四部，一〇一一一卷。内无卷数一一六部；附录二四部，二九〇卷。共计二〇一〇部，二九三一九卷。分史部为正史、编年、纪事本末、别史、杂史、诏令奏议、传记、史钞、载记、时令、地理、职官、政书、目录及史评十五类，凡著录五五七部,二一八七九卷。存目一四八五部,一六〇二四卷。内无卷数七〇部;附录二部,九卷。共计二一一四部,三七九一二卷。分子部为儒、兵、法、农、医、天文算法、术数、艺术、谱录、杂、类书、小说、释及道十四类,凡著录九二六部,一七七九二卷。存目一九三七部,四一〇六〇卷。内无卷数九五部;附录三部,三四卷。共计二九六〇部,五八八八七卷。分集部为楚辞、别集、总集、诗文评及词曲五类,凡一二七七部,二九八四九卷。存目二一二五部,二四三九一卷。内无卷数九九部。共计三五〇一部,五四二四〇卷。经、史、子、集合计,凡一〇五八五部,一七一五五八卷。

本书的分类,虽采用通行的四分法,而次序则依荀勖所定,以"史"次于"子"后,"集"部则改称"文学",其中经、子、史三部的分类仍沿旧目;文学则完全改用新目。这种新旧兼用的方法,本来不甚妥当。但文学如用旧法分目,那么不但毫无意义,而且也无从叙述。为便宜计,也只好贻人口舌了。

〔问题〕

(1) 中国书籍最通行的分类法是哪一种?

(2) "四分法"为什么还没有打破的必要?

(3) 中国书籍的分类起源于何书?

(4) 刘歆《七略》和四部的分类有何不同?

(5) "四部分目"始于何人?

(6) 经史子集的次序定于何人?

(7) 王俭《七志》分为哪七类?

(8) 阮孝绪《七录》分为哪七类?

(9) 《隋书·经籍志》的分类怎样?

(10) 《四库全书》分为哪几类? 所收书籍有多少?

(11) 本书的分类法怎样?

第四章　国学的方法

我们研究任何一种学问，如无适当的方法，不但往往事倍功半，有时竟至全盘都错。研究国学也是如此。在大学文科国学系的课程表上，有"古书校读法"那么一种科目，就是为了应付这种需要。不过那是属于专门的学科，我们只要略知大意已经够了。

研究国学的方法，不外四端：一为辨真伪，二为知重轻，三为明地理，四为通人情。

为什么要辨别真伪呢？因为中国历史年代的过长，古代传下来的书籍，其中多杂伪作。如真伪不分，容易使我们走入歧途。四部的中间，集部的伪作较少；其余经、子、史三部，都包含着很多的伪书，而以子部中为尤多。经部如梅赜所献的《尚书》二十五篇，即系梅赜自作；称为子贡作的《诗传》，出自明人丰坊之手。注释经典的书也有后人伪托的，如孔安国《尚书传》、郑氏《孝经注》、

《孟子》孙奭《疏》之类,都是晋代的产品。子部如《庄子》、《韩非子》、《管子》,大半经过后人窜改;伪作的著名者,有《吴子》、《文子》、《列子》、《关尹子》、《孔丛子》等。此外尚多,不胜枚举。以史部论,如《越绝书》为汉人袁康所作,托名子贡;《史记》中杂有褚少孙文字;《竹书纪年》为晋人所作,更为我们所必须知道。至于辨别的方法,全在酌斟文字人情的变更,名物制度的迁移,那才不至于以伪作真,上前人的大当。

为什么要知道轻重呢?因为国学浩如烟海,如果我们不分轻重,琐碎必讨,像汉学家解《尚书》中的五个字,至于二三万言;解释《毛诗》中的物类,必欲分明雌雄年岁;那么不但"玩物丧志",而且毫无应用。我们"生也有涯,而知也无涯",所以我们必须提纲挈领,分别缓急。凡是探赜索隐的工作,让专家去做;我们只要研究它的重且大者。

为什么要明白地理呢?因为凡一种学术思想的产生,必有他地理上的关系。如中国上古文明起于北部,所以典章文物,都盛于北方;中古以后,文化南渐,于是南方的风气亦渐改变。如井田制度,利于平原而不便于薮泽之区,故水乡的人不会崇扬;鱼盐的利,盛于斥卤而不宜于膏腴的地方,所以仅有管仲在他的书中提倡。北方政治具备，故有孔、孟倡礼、乐、仁、义之教；南方民智鄙塞，故有老、庄主清静无为之说。至如北魏郦道元注《水经》，于南方的水道多错误；南宋郑樵作《通志》，于北方的制度多失真。因了地理的阻隔，他们的成绩就分了优劣。所以我们要研求国学，第一宜熟知地理；正像司马迁作《史记》，必先遍游名山大川，然后叙事无舛，而文笔也加倍的生动呢！

为什么要通达人情呢？因为社会更迭地变换，物质生活继续地进步，那人情风俗也随着变迁。如若不明此理，就要产生种种谬误的观念。如上古国土分立，故君权不张。后来周代封建制度完成，秦代改设郡县制度，故至两汉以后，君权日益高涨。尧、舜禅让，本出于自然，如见于后代，则不能不称为圣德。因始皇为统一专制的第一人，便号为暴主，其实后来的人君，尽多像他一样的。三代时侯伯的地位很尊贵，但在汉、隋时则称为割据；纵横游说，不适于统一的局面，所以西汉时的诗赋称盛。像这种种，如不通达人情，而以此例彼，那么必误认为矛盾而受人笑话。

我们如真能应用这四种方法，那么它的结果，不特事半功倍，且必不至于有重大的差误。否则"失之毫厘，谬以千里"，自误误人，研究反逊于不研究了。

〔问题〕

(1) 研究的方法有什么重要?

(2) 研究国学的方法有哪几种?

(3) 为什么要"辨真伪"?

(4) 为什么要"知重轻"?

(5) 为什么要"明地理"?

(6) 为什么要"通人情"?

第二讲

经 学

第一章 总 论

一 经的定义

我们要研究经学,必须先要明白:什么叫做经?经是些什么?和什么叫做经学?

就"经"字的本义来讲,《说文解字》以为"经,织纵丝也"。因为织物的纵丝是有一定的次序而不能紊乱的,所以后来辗转假借而为"法"字和"常"字的意义。"经"既可作"法"字、"常"字解,于是那些可为我们日常言行的法则的古书,都被蒙上一个"经"的名字了。但这不过是一般的解释。

据经学专门家的意见:今文学派以为经是孔子著作的专名,在孔子前或孔子后的著作均不得称经,所以只有《诗》、《书》、《礼》、《乐》、《易》、《春秋》可称为"经"。古文学派以为经是一切书籍的通称,不是孔子的"六经"

所能专有;因为经是钉书的线,所以凡是线装书都可称经。这二种说法,古文派过于广泛,今文派过于狭窄,也都未足为定论。

实在,因了历史的转变,"经"字的意义也在随着时代而演化的。比较最时代、最适当的说法,现代人所称的经的范围,已由孔子删定的"六经",扩张到以孔子为中心的其他书籍,如《孟子》、《尔雅》等,与上列诸家之说,都已不尽相合了。

〔问题〕
(1) "经"字的本义怎样?
(2) 何谓"经"?
(3) "经"的范围怎样?

二 经目的演化

经的名称,始见于《国语》。但孔子的著作六种被称为经,却始于《庄子·天运篇》。在《礼记》中则仅称"四术";扬雄、班固又仅称"五经"。东汉以后,"经"的领域续渐扩张,于是又有"七经"、"九经"、"十经"、"十一经"、"十二经"、"十三经"、"十四经"及"二十一经"等等的称号。

四经。即"四术",为《诗》、《书》、《礼》、《乐》。

五经。因六经中佚去《乐经》,故称五经。《白虎通》则以《易》、《书》、《诗》、《礼》、《乐》为五经。

六经。《庄子》称《诗》、《书》、《礼》、《乐》、《易》、《春秋》为六经;《史记》和《汉书》则称六经为六艺。盖举其学叫艺,奉其书叫经。

七经。西汉于六经外加《论语》称七经;东汉则加《孝经》而去《乐经》。晋傅咸以《易》、《诗》、《书》、《周官》、《左传》、《论语》、《孝经》为七经。宋刘敞以《尚书》、《毛诗》、"三礼"、《公羊传》、《论语》为七经。清圣祖《御纂七经》则指《易》、《书》、《诗》、《春秋》,"三礼"等七种。

九经。唐时所立学官,以《易》、《诗》、《书》、"三礼"、"春秋三传"为九经。《经典释文》则以《易》、《诗》、《书》、"三礼"、《春秋》、《论语》、《孝经》为九经。

十经。《南史》以"五经"、"五纬"为十经。《宋书》则以为"《周易》、《尚书》、《毛诗》、《礼记》、《周官》、《仪礼》、《春秋左氏传》、《公羊》、《谷梁》各为一经,《论语》、《孝经》为一经",所以谓之十经。

十一经。宋儒于十三经中除去《论语》、《孟子》,便为十一经。因为他们已将《论语》、《孟子》列入"四书"

之故。

十二经。名始见于《庄子·天道篇》。《经典释文》以为有三义：一以"六经"加"六纬"为十二经；二以《易》上、下经并加孔子《十翼》为十二经；三以《春秋》分十二公为十二经。至唐太和中所刻十二经，则为《易》、《诗》、《书》、"三礼"、"三传"、《论语》、《孝经》及《尔雅》。

十三经。宋于唐之九经——《易》、《诗》、《书》、"三礼"、"三传"外，增《论语》、《孝经》、《孟子》、《尔雅》，称为十三经。现代所用广义的经目，仍多以此为准。

十四经。宋尝并《大戴礼记》于十三经之末，称为十四经。

二十一经。清段玉裁主张于十三经外，应加《大戴礼记》、《国语》、《史记》、《汉书》、《资治通鉴》、《说文解字》、《周髀算经》、《九章算术》八书，为二十一经。

总之，经目的范围虽各各不同，然依普通的惯例，多以十三经为限。因为十四经的名称既不普遍，而二十一经也不过是清代朴学家个人的主张。本书循名核实，却以《尔雅》列入小学，附入末一节；《孟子》列入子学儒家；而另增《大学》与《中庸》。经学要籍，已具备于此了。

〔问题〕

(1) "经"名始见于何书?

(2) 孔子著作称经始于何书?

(3) 何谓五经?

(4) 何谓四术?

(5) 六经和六艺有何分别?

(6) 何谓九经?

(7) 何谓十三经?

(8) 何谓四书?

三 经学的派别

因为历来研究家对于经典本身发生许多不同的见解,于是就产生了所谓经学。所以我们要明白经学是什么,不能不去分析这些研究家的派别。经学家的派别,据多数学者的意见,可以归纳为西汉今文学、东汉古文学及宋学三派。

诸经遭秦火之厄,多数被毁。汉惠帝除挟书的禁令,书始陆续出世。但诸经本用古篆所写,古篆在汉代已不通行,为便于诵习起见,乃改为当时通行的隶书。于是始有所谓今文。其后山岩屋壁,复次第发现旧籍。此种书仍用古篆书写，以其对今文而言，遂有所谓古文。所以所谓今文与古文，本指书写文字之不同。后因经学家各有所宗，门户之见甚深，于是才发生了所谓今古文学派。

西汉今文学派发生于汉初，就是所谓"今文十四博士"之学。在当时因帝王之利用的提倡，所以在学术界几有独尊之势。后来因古文学的暴兴，与郑玄、王肃的混乱家法，遂至逐渐衰落。延至魏、晋，因政乱及胡祸的连绵不息，连仅存的章句传说也多灭亡于兵燹。到了清代中末叶，因社会、政治、学术各方面趋势的汇合，于是这久无声息的今文学忽然复兴起来，居然在学术界有盛莫能当的现象。当时所谓常州学派、公羊学派，就是这西汉博士派的裔孙。它的余波回响，直到现在还在学术界里存在，并且正在向着新的途径发展。

东汉古文学派实发生于西汉末年。到了东汉，因为今文学派自身的腐化，及古文学大师的努力，遂有取今文学而代之之势。郑玄、王肃虽称混淆家法，但究竟左袒古文学。所以今文学亡于魏、晋，而古文学反日见发扬开展。后来六朝的南北学，隋、唐的义疏派，虽虚实繁简不必尽同，而其立场与古文学则无二致。一直到宋学兴起，于是古文学始暂废歇。但元、明之末，因姚江学派之流于虚妄，及满清思想压迫政策之实现，于是顾亭林扛了"舍经学无理学"的大旗来复兴古文学，于是成了清代三百年学术界的权威。以惠栋为领袖的吴派，与以戴震为领袖的皖派，都和东汉古文学派有血统的关系，但现在硕果仅存的，亦只有章炳麟了。

宋学被称为经学上的怀疑派，唐时啖助、赵匡、陆淳辈已开其端。但这种怀疑风气之盛行，却在北宋庆历之后。到了南宋，因研究方法的不同，分为三大派：一为归纳派，以程颐、朱熹为领袖，旧称朱学；一为演绎派，以陆九渊、杨简为领袖，旧称陆学；一为批评派，以叶适、陈傅良为领袖，旧称浙学（宋学派又有关、闽、濂、洛之分，专以地域为主，无甚意义，故不取）。他们都立足于哲学的见解，以理欲心性为论究的对象，而借助于经学的解释。元、明以来，朱学因朝廷的提倡，取得正统的地位。陆学则得王守仁的加入，而为具有天才的学者所信仰。但这二派都借经学言理学，结果均空疏无一物。于是元、明二代转成为经学衰落时期，而东汉古文学遂得乘间以起。

这三派的不同点：今文学派以孔子为政治家，以六经为政治学说，所以偏重于微言大义，其特色为功利的，其流弊为狂妄。古文学派以孔子为史学家，以六经为孔子整理古代史料之书，所以偏重于名物训诂，其特色为考证的，而其流弊为烦琐。宋学派以孔子为哲学家，以六经为孔子载道之具，所以偏重于心性理气，其特色为玄想的，而其流弊为空虚。

〔问题〕

(1) 经学的派别是怎样产生的？

(2) 经学可分为哪几派？

(3) 今古文学派有什么不同？

(4) 今文学派产生于何时？他的沿革若何？

(5) 古文学派创始于何时？他的历史怎样？

(6) 宋学派可分为哪几派？他们的主张若何？

(7) 今文、古文、宋学三派的特色和缺点何在？

第二章 各 论

一 《易经》

《易》有三种：夏代的《易》名《连山》，以艮卦为首；商代的《易》名《归藏》，以坤卦为首；周代的《易》名《周易》，以乾卦为首。总名为三易。《连山》、《归藏》久已失传，今所存者为《周易》。

《周易》的"易"字含有三种意义：一为"简易"，二为"变易"，三为"不易"。"周"字亦有二种解说：一因重卦、系辞、作《十翼》者都为周人；一因其道"周普"，无所不备。或以《周易》的"周"，为别于"夏易"、"商易"而言，那是误会的话。

伏羲取则于鸟兽文章、《河图》、《洛书》以造八卦，为 ☰（乾）、☷（坤）、☳（震）、☴（巽）、☵（坎）、☲（离）、☶（艮）、☱（兑），本有图而无字。后人取二卦相重，成六十四卦。此重卦者为谁？王弼以为即伏羲自己；郑玄以为神农；孙盛以为夏禹；司马迁以为周文王。通常多从首末二说。

《易经》内容，可分为经、传二部。经的部分，又可分为二种：一为《卦辞》，一为《爻辞》。《卦辞》定全卦的意义；《爻辞》解释每一爻的意义。它的作者为谁？历来也不一其说。郑玄等以为都是文王所作；马融等则主《卦辞》为文王所作，《爻辞》为周公所作；皮锡瑞却以为都是孔子所作。通常多从第二说。

《易》传共有十篇，为《彖辞》上，《彖辞》下，《象辞》上，《象辞》下，《系辞》上，《系辞》下，《文言》，《说卦》，《序卦》，《杂卦》，实只可分为七种。《彖辞》所以解释《卦辞》。《象辞》又分为《大象》、《小象》：《大象》所以解释全卦所从的象；《小象》所以解释每爻所从的象，亦即解释《爻辞》。《系辞》所以补充《彖辞》、《象辞》等的不足。《文言》是"文饰"之意，专解乾、坤二卦。《说卦》偏于说象，在陈说八卦的德业、变化及"法象之所为"。《序卦》说明六十四卦相承相生的次序。《杂卦》系杂举各卦的卦义，拿同的互相比类，拿不同的互相发明。这十篇相传称为《十翼》，为孔子所作。古文学派相信"十翼说"；今文学派则反对之。宋学派以为《系辞》、《文言》以下，都非孔子所作。

《易》学可以分为汉学及宋学二派。汉学在汉时又有今文、古文之分。今文学有四家，在西汉时都立于学官，为施氏、孟氏、梁丘氏、京氏。东汉虞氏世传孟氏《易》，五传至虞翻，作书很多。古文学仅有费氏一家，西汉未立于学官，所以它的来源不可考。东汉时，陈元、郑众、马融、郑玄、荀爽等都习费氏《易》，为作《传》《注》。魏王弼以老、庄解《易》，亦用费氏本。古文学乃大盛。宋学大别为图书、义理二派。图书派附会古代所谓《河图》、《洛书》，起源于道士陈抟，撰《易龙图》一书。抟学又分为二支：一支由穆修五传至邵伯温，撰《易学辨惑》；一支由种放四传至刘牧，撰《易数钩隐图》。后来邵《易》盛行，刘《易》渐衰。历宋、元、明三代，这道士式的易学竟成为易学正统。义理派始于胡瑗，瑗作《易传》，专究性命道德之理。继起者有程颐及郭忠孝、项安世、杨万里、许衡等。到了清代，汉学复兴，不独图书派无立足余地，即义理派亦逐渐衰落。清代著名的易学家，最先有惠栋，继之者为张惠言；而焦循更异军特起，所有撰著，自成一家学说。

〔问题〕

(1)"易"有几种？

(2)"周易"二字作何解释？

(3) 画八卦的是谁?

(4) 重卦的是谁?

(5)《易经》的内容可分哪几个部分?

(6)《卦辞》何人所作?

(7)《爻辞》何人所作?

(8)《易传》共分哪几篇? 作者为谁?

(9) 易学的派别如何?

二 《书经》

《书经》本名《尚书》。为什么叫《尚书》? 自来有三种说法: 一为孔安国说,"以其上古之书, 谓之《尚书》"; 一为王肃说,"上所言, 史所书, 故曰《尚书》"; 一为郑玄说,"尚者, 上也。尊而重之, 若天书然, 故曰《尚书》"。"尚"字本含有尊重之意, 故三说之中, 当以郑玄说最为精审。

《尚书》在诸经中为最多问题的一书, 它不但有今文、古文之分, 又有真书、伪书之别。今文《尚书》凡二十九篇(其中《盘庚》、《泰誓》各分上、中、下三篇,《顾命》另分出《康王之诰》一篇, 故亦可称为三十四篇), 传自汉初伏生, 西汉时立于学官,《古文尚书》亦称《逸书》, 相传凡十六篇(其中《九共》分为九篇, 故亦可称为二十四篇),据古文学家说,是汉武帝末鲁恭王坏孔子宅壁而得。孔安国拟献之朝廷,因巫蛊事发而罢。今原书已佚,仅存目录。伪古文《尚书》凡二十五篇,又有伪孔安国《尚书传》,均为东晋时豫章内史梅赜(或作梅颐)所献,曾立于学官。今本《尚书注疏》,就是以伪古文《尚书》二十五篇,加真今文《尚书》三十三篇(本三十四篇,去《泰誓》三篇,分《尧典》下半为《舜典》,分《皋陶谟》下半为《益稷》,故为三十三篇),共五十八篇,及伪孔安国《尚书传》为底本。

《尚书》和《诗经》一样,《诗经》有《诗序》,《尚书》亦有所谓《书序》。《书序》的作者,或以为孔子,或以为非是,聚讼纷纭,难以确定。

伪孔安国《传》分《尚书》为六体,即典、谟、训、诰、誓、命。孔颖达《疏》分为十例:一曰典,如《尧典》、《舜典》;二曰谟,如《大禹谟》、《皋陶谟》;三曰贡,如《禹贡》;四曰歌,如《五子之歌》;五曰誓,如《甘誓》、《泰誓》三篇、《汤誓》、《牧誓》、《费誓》、《秦誓》;六曰诰,如《仲虺之诰》、《汤诰》、《大诰》、《康诰》、《酒诰》、《召诰》、《洛诰》、《康王之诰》;七曰训,如《伊训》;八曰命,如《说命》三篇、《微子之命》、《蔡仲之命》、《顾命》、《毕命》、《冏命》、《文侯之命》;九曰征,如《胤征》;

十曰范，如《洪范》。此外尚有许多篇，其名不符于以上十例的，都可以细详内容，按例附入。

《尚书》学派，大致可别为四：一为古文学；一为今文学；一为伪古文学；一为宋学。今文学传自伏生，后分三家，为欧阳氏、大夏侯氏、小夏侯氏。西汉时，都立于学官。晋永嘉之乱，三家《尚书》都亡佚。至清代辑佚学兴，今文学说始大略可考。古文学仅有孔安国一家。西汉末，刘歆崇奉古文，与今文博士争立学官。东汉时，古文学家尤多，著名者有贾逵、孔僖、周防、张楷等。马融、郑玄等虽间或杂糅今古文，但仍偏祖古文学。自东汉末至北朝，治《尚书》者都以郑注为宗，故仍不出古文学范围。及唐孔颖达作《尚书正义》，承认伪古文《尚书》及伪孔《传》，郑学乃亡。清代汉学复兴，以马、郑注为依归，于是古文学又大略可见。伪古文学所奉者为伪古文《尚书》及伪孔《传》。其作者为谁，或以为王肃，或以为皇甫谧，或以为即献书的人梅赜。晋代君臣信伪为真，遂立于学官。南朝郑、孔并立，伪《书》与伪《传》均未独占势力。及唐孔颖达作《正义》，以伪孔为宗，于是伪《书》与伪《传》遂成为标准经典。但经宋吴棫、朱熹，明梅鷟，清阎若璩、惠栋等相继攻击，它的"伪"号就此确定。至于宋学家的治《尚书》，无家数可举。仅朱熹门人蔡沈作《书集传》,祖述朱义,在元、明二代,群奉为《书》注正则。现在通行之《五经注本》,即为此《集传》本。

〔问题〕

(1) 何谓"尚书"?

(2) 《尚书》有哪几种?它的来源怎样?

(3) 《书序》何人所作?

(4) 何谓"六体"?何人所分?

(5) 何谓"十例"?何人所分?

(6) 尚书学可分哪几派?各派的历史怎样?

三 《诗经》

《诗经》在未尊为"经"之时,本名《诗三百篇》,亦单称为《诗》。"诗"字有三种意义:一为"承",二为"志",三为"持"。班固以为"诵其言谓之诗;咏其声谓之歌"。诗是怎样产生的呢?据《诗序》说:"诗者,志之所之也。在心为志,发言为诗。情动于中,而形于言;言之不足,故嗟叹之;嗟叹之不足,故咏歌之;咏歌之不足,不知手之舞之,足之蹈之也。"

古有采诗之官,王者赖以知风俗得失。周天子则五年一巡守,命大师陈诗以观民风。相传诗原有三千余篇,经孔子删去重复,纠正纷乱,取其可施于礼义教化的,计自《周南》起,至《商颂》止,凡存三百另五篇。或以为古诗在孔子前已经采诗官编存三百篇,至孔子则仅加以整理修订罢了。

《诗经》分为《风》、《雅》、《颂》三大类。《风》又分为十五国风,为《周南》、《召南》、《邶风》、《鄘风》、《卫风》、《王风》、《郑风》、《齐风》、《魏风》、《唐风》、《秦风》、《陈风》、《郐风》、《曹风》、《豳风》,计共一百六十篇;《雅》又分为《大雅》、《小雅》,计共一百零五篇;《颂》又分为《周颂》、《鲁颂》、《商颂》,计共四十篇;合共三百零五篇。《毛诗》则加《南陔》、《白华》、《华黍》、《由庚》、《崇丘》、《由仪》六篇,为三百十一篇。但这加上的六篇,仅有篇名而无文辞,实不应计算在内。

凡研究《诗经》的人,都不可不知"六义"与"四始"。"六义"为"风"、"赋"、"比"、"兴"、"雅""颂"。"风"、"雅"、"颂"为诗的体裁,"赋"、"比"、"兴"为作诗方法。"风"、"雅"、"颂"的区别,历来经学家不一其辞,比较重要的约有三说:一、以为由于诗篇内容的不同,"风"是关于个人的,"雅"是关于王政的,"颂"是关于神明的,可以《诗大序》为代表。二、以为由于作者身份的不同,"风"出于普通平民,"雅"出于朝廷士大夫,可以郑樵为代表。三、以为由于诗篇声调的不同,如"大雅"、"小雅",非关王政之大小,在于音乐有别,可以惠周惕为代表。"赋"、"比"、"兴"的方法有何不同呢?朱熹以为:"赋"是"敷陈其事而直言之";"比"是"以彼物比此物";"兴"是"先言他物,以引起所咏之辞"。

至于"四始"之说,尤为纷歧。最古的为《诗序》所说:"所谓'四始'者:《关雎》之乱,以为《风》始;《鹿鸣》为《小雅》始;《文王》为《大雅》始;《清庙》为《颂》始。"又据王安石说:"《风》也,'二雅'也,《颂》也,虽相因而成,而其序不相袭,故谓之'四始'。"孔颖达以为"《风》、'二雅'、《颂》四者,人君行之则为兴,废之则为衰,乃兴衰之始,故叫做'四始'"。程大昌以为"孔子只言《雅》、《颂》、《周南》、《召南》,而未尝言及《国风》,故以《雅》、《颂》、'二南'为'四始'"。顾亭林以为"'二南'非《风》,故以《南》、《风》、《雅》、《颂》为'四始'"。"四始"亦称"四诗"。"四诗"的区别:《南》为曲终的合乐;《风》为仅可讽诵的徒歌;《雅》为朝廷所用的乐曲;《颂》为祭祀神明的舞歌。

现存的诗经为《毛诗》,有所谓《大序》和《小序》,列在各诗之前,说明诗中大意的,为《小序》;连在首篇《关雎》的《小序》之后,概论全书的为《大序》。《诗序》

的作者为谁？到现在还没有定论。在异说纷歧中，较古而较有势力的凡五说：一、郑玄以为《大序》子夏作，《小序》子夏、毛公合作；二、王肃以为《诗序》全为子夏所作；三、范晔以为卫宏作；四、王安石以为诗人所自制；五、程颢以为《小序》是国史旧文，《大序》是孔子所作。

诗经学可分为三派，即西汉今文学、东汉古文学及宋学。今文学又分鲁、齐、韩三家，西汉时都立于学官。《鲁诗》溯源于荀卿，创始于鲁人申培，亡佚于西晋；《齐诗》创始于齐人辕固生，亡佚于魏代；《韩诗》创始于燕人韩婴，亡佚于南宋以后，今仅存《外传》。清代辑佚学及今文学兴起，于是今文诗学又成为学者讨究的对象。古文学仅有毛氏一家，相传创始于毛公。毛公自谓传自子夏，其著作有《毛诗故训传》。东汉著名学者，如郑众、贾逵、马融、郑玄，都治《毛诗》。郑玄为《毛诗》作笺，杂采今文三家诗说，盛行一时。及唐孔颖达作《毛诗正义》，引伸毛、郑二家的经说，就成为当时"诗经学"的权威。清代陈奂作《毛诗义疏》，去郑用毛，始恢复《诗》古文学本来面目。宋学则无家数可举。北宋欧阳修专诘毛、郑，苏辙攻击《毛诗》，南宋郑樵直斥《诗序》为村野妄人所作。此三人各有专作。朱熹受郑樵影响，作《诗集传》及《诗序辨说》。《集传》不独弃《序》不用，而且杂采毛、郑,间录三家,以己意为取舍。又以为《诗》三百五篇中,男女淫佚之诗凡二十四,一反从来"思无邪"的传统的经说。元、明学者都以之为依归,且一直风行到现代。

〔问题〕

(1)《诗经》本作何名?

(2) "诗"字作何解释?

(3) 诗是怎样起源的?

(4) 古代何故设采诗之官?

(5) 孔子删诗的标准怎样?

(6)《诗经》的内容怎样?

(7) 何谓六义?

(8) 何谓四始?

(9) 四诗和四始是一是二?

(10) 四诗的分别怎样?

(11)《诗序》为何人所作?

(12) 诗经学的派别怎样?

四 "三礼"

"三礼"为《周礼》、《仪礼》、《礼记》。"礼"字的解释，以郑玄为最精。他说:"'礼'者,体也,履也;统之于心曰'体',践而行之曰'履'。"

《周礼》本名《周官》,亦称《周官经》,后称《周官礼》,又尊为《礼经》。《周礼》之名,始于刘歆。贾公彦以为"以设位言之,谓之《周官》;以制作言之,谓之《周礼》",其说亦未可尽信。

秦火以后,《周礼》几亦失传。汉武帝时,李氏得之于山岩崖壁,上于河间献王时已缺去《冬官》一篇。献王购千金赏求,不能得,乃取《考工记》补之,上之武帝。别一说以为与古文《尚书》等同时发现于孔壁。又一说以为与《逸礼》同为孔安国所献。此三说中,似第一说较为可信。

《周礼》的作者为谁?古文学家以为是周公,最初主张者为刘歆。今文学家不但以为非周公所作,甚至斥为即刘歆所伪造。宋学家或以为周公制定而未实行,或以为间有汉儒的窜改,更为没根据的臆说。

全书凡分六篇:《天官冢宰》第一,《地官司徒》第二,《春官宗伯》第三,《夏官司马》第四,《秋官司寇》第五,《冬官司空》第六;但《冬官》一篇早已亡佚,当时补以《考工记》,称为《冬官考工记》。书的内容,详于周朝的制度,而不及于教化;严于百官的职守,而阙述人主的本分。

因此，或说它是"文王治岐之制"，或说它是"周公理财之书"，甚至或说它是"战国阴谋之术"，然都不足为信。

《仪礼》在古时单称曰《礼》，或称《士礼》，又名《古礼经》。它虽经秦火之后，然尚是《礼书》中较为完善的一部。汉代所传，因篇第先后不同而分的凡有三本：一为戴德本，后世称为大戴本。二为戴圣本，后世称为小戴本。三为刘向别录本，为郑玄所注，即现代的通行本。三本次第，清今文学家以为戴德本最佳。至于因经文不同而分的，有二本：一为汉儒高堂生所传，为今文本。二为鲁恭王坏孔子宅所得，为古文本。郑玄所注，即参用今古文二本。

古文学家以为《仪礼》与《周礼》并为周公所作；今文学家则以为孔子所定。《仪礼》又有完缺问题，今古文学家的意见亦绝对相反。今文学家以为今本十七篇已包举一切的礼仪，故为完整的经典。古文学家主张《逸礼》三十九篇为可信，故以《仪礼》的十七篇为秦火的残烬。

今文学家为什么主张戴德本的篇第为最佳呢？因为他们根据《礼记·昏义》及《礼运》篇的话，以为"冠"、"昏"、"丧"、"祭"、"射"、"乡"、"朝"、"聘"八者为礼之经——"冠"以明成人，"昏"以合男女，"丧"以仁父子，"祭"以严鬼神，"乡饮"以合乡里，"燕射"以成宾主，"聘食"以睦邦交，"朝觐"以辨上下。一切人事，都可用此包括。

而戴德本的篇第,恰与此相符合,故认为诸本中最佳之本。

《逸礼》三十九篇,今已佚失。它的来源,相传与古文《尚书》同时发现于孔壁;一说以为发现于鲁淹中。至于献书的人,或以为即孔安国,或作河间献王。因以上各说的互相差池,故今文学家否认《逸礼》的发现,而以为是古文学家伪造的谰言。

《礼记》的制作,出于孔氏的门人。古有一百三十一篇。汉代戴德传八十五篇,谓之《大戴礼记》;戴圣传四十九篇,谓之《小戴礼记》。《隋书·经籍志》以为戴圣删《大戴礼记》为四十六篇,谓之《小戴记》;汉末马融增益《月令》、《明堂》、《乐记》三篇,合四十九篇,始成今本的《礼记》。戴震则以为马融增益之说绝不可靠。实则二书均取之于百三十一篇,故篇目每多雷同,文字也各有详略。所不同者,一则列入经目,一则不得列入(宋人曾以《大戴记》列入"十四经",但仅有其说而无事实表现),有幸与不幸之分罢了。

《礼记》是最初混淆今、古文学的书籍。虽编者戴圣本人的学统属于今文学,但就《礼记》各篇的性质加以考究,便大有问题。廖平以为《礼记》及《大戴礼》两书,有先师经说,亦有子史杂钞,最为驳杂。它采自今文学的,为今文学家言;采自古文学的,则为古文学家言。所取材料,大概可分三部:一部系说明《仪礼》;一部虽然说明《仪礼》，但所言仍为普通之礼；一部则完全与礼无关。

"三礼"的学派各不同：《周礼》为古文学，《仪礼》为今文学，《礼记》就学派说属于今文，就内容言则古、今文兼有。《礼》在汉代，显分为今古文二派。西汉初年，仅有今文学的《仪礼》，传自鲁高堂生。后分大戴、小戴、庆氏三家，当时都立于学官。但庆氏设立未久即废。西汉末，《周礼》因古文学派首创者刘歆的提倡，立于学官。其后马融、卫宏等都传是学。《礼记》的传授，本无学派可说。东汉末，马融曾传其学。郑玄受业于融，于注《仪礼》外兼注《周礼》与《礼记》，于是"三礼"之名始成立，而《礼记》亦始显于世。然郑注《仪礼》，兼参《逸礼》，于今、古文学的取舍颇不一致。晋初王肃为反郑学的健将，所作《三礼解》及《仪礼丧服传》都故意与郑立异。然而他混淆今、古文学的弊病更甚于郑玄。经南、北朝以至于隋，郑、王对峙，各有信徒。到了唐朝，贾公彦、孔颖达等疏"三礼"，专宗郑注，于是郑学有独尊之势。宋朱熹撰《仪礼经传通解》，欲混同《仪礼》、《周礼》诸书，作综合的研究。元陈澔作《礼记集说》，明人取之，郑注遂弃。清代汉学家以考据为主，《礼记》的研究遂不及《仪礼》、《周礼》之盛。所以并为梁启超列入《清十三经注疏》的《礼记训纂》（朱彬撰），也远不及《仪礼正义》（胡培犟撰)、《周礼正义》(孙诒让撰) 的详密审慎。

〔问题〕

(1) "三礼"系指何书?"礼"字作何解释?

(2) 《周礼》有何异名? 它的意义若何?

(3) 《周礼》的来源怎样?

(4) 《周礼》的作者为谁?

(5) 《周礼》的内容若何?

(6) 《仪礼》有何异名? 它有哪几种本子?

(7) 《仪礼》的作者为谁?

(8) 《仪礼》的内容怎样?

(9) 《逸礼》的来源和各家对它的态度怎样?

(10) 《礼记》出于何人?

(11) 《礼记》有哪几种?

(12) 《礼记》的内容怎样?

(13) "三礼"的学派如何?

五 《春秋》及"三传"

"春秋"本为古代记事史籍的通名。到孔子据鲁史而作《春秋》,于是始成为"经"的专名。为什么叫《春秋》呢?

因为《春秋》是编年体,年有四时,不能遍举,故取"春"、"秋"以包"夏"、"冬"。为什么不用《夏冬》而用《春秋》呢?因为"春"为生物之始,"秋"为成物之终,始于"春",终于"秋",故曰《春秋》。此外尚有三种异说:一、以为含有刑赏之意,郑樵说:"取赏以春夏,刑以秋冬。"二、以为含有褒贬之意,亦郑樵说:"一褒一贬,若春若秋。"三、以为因成书时期的关系,徐彦说:"哀公十四年春,西狩获麟,作《春秋》,九月,书成。以其书春作秋成,故云《春秋》。"这三说都在解说专名,忘了"春秋"本来是通名,故历来经学家都不甚重视。

《春秋》为孔子据鲁史而作,古无异辞。然因专记孔子言行的《论语》无一语及于《春秋》,遂引起后人的怀疑。首言孔子作《春秋》者为孟子,故今人钱玄同即断为孟子的伪言。其书分年纪事,上起鲁隐公元年(公元前七二二年),下止鲁哀公十四年(公元前四八一年),计凡十二公,为隐公、桓公、庄公、闵公、僖公、文公、宣公、成公、襄公、昭公、定公、哀公,二百四十二年。书中殊多阙文、阙义,不易研究,故王安石有"断烂朝报"之讥。

《春秋》的经文,在古代与《左氏传》、《公羊传》、《谷梁传》各自别行,今则已无单行本。经文亦有今、古文的不同;《汉书·艺文志》有《春秋古经》十二篇,即《左氏传》所根据的古文经；又有《春秋经》十一卷，就是《公羊传》及《谷梁传》所根据的今文经。今文经为什么只有十一卷呢？何休说："子未三年，无改于父之道。"闵公仅二年而薨，故附于庄公，于是只有十一公了。至于古文经与《左氏传》的并合，始于杜预；至今文经与《公羊》、《谷梁传》的并合，则已不知始于何人了。

《左传》的作者，相传为与孔子同时的左丘明。两汉今、古文学家均承认。但古文家以《左传》系本《春秋》而作；今文学家以为《左传》本名《左氏春秋》，与《春秋》无关。至以左氏与左丘明为二人，则始于唐之赵匡；宋郑樵更考定左氏为六国时楚人。它的来源也有三说：一、《汉书》以为汉代藏于秘府，为刘歆发现，故今文学家以今本《左传》为刘歆窜改《国语》伪造。二、许慎以为汉初张仓所献；但此说不见于西汉他书，恐亦难以凭信。三、王充以为发现于孔子宅壁中；段玉裁则以为恐非事实。

《公羊传》为解释《春秋》而作。其与《左传》最大的不同点，在《左传》以"史"为主，《公羊传》则以"义"为主。何休以为《公羊传》"多非常异义可怪之论"，有所谓五始、三科、九旨、七等、六辅、二类、七缺等等，而以"三科九旨"为最重要。所谓"三科九旨"之说有二：一、何休以为"新周，故宋，以《春秋》当新王，此'一科三旨'也"；

"所见异辞,所闻异辞,所传闻异辞,'二科六旨'也";"内其国而外诸夏,内诸夏而外夷狄","天下远近大小若一","是'三科九旨'也"。二、宋氏以为"三科者:一曰张三世,二曰存三统,三曰异内外。""九旨者:一曰时,二曰月,三曰日,四曰王,五曰天王,六曰天子,七曰讥,八曰贬,九曰绝。"何说"九旨"即在"三科"之内,宋说则"九旨"另在"三科"之外。二说虽不同,但亦无甚冲突。此书来源,相传以为子夏传之公羊高,高四传至其玄孙寿,寿乃与齐人胡母子都著为文字,故《四库总目》即定为公羊寿撰。但按其内容,决非成于一人。盖古代经传,非积累而成,就是经过后人窜改,《公羊传》亦难逃此例。

《谷梁传》的体裁与《公羊传》相近,而与《左传》不同。它本来与《公羊传》同属于今文学,自近人崔适斥为亦是刘歆所伪造,所以供《左传》的驱除,乃亦入之古文学。相传谷梁子受经于子夏,为经作传,即成今本《谷梁传》。但谷梁子之名,或作喜,亦作嘉,又作赤、寘、俶、淑,孰真孰谬,很难决定。他的内容,亦似非出于一人之手。所以作者为谁,至今尚成问题。

"春秋学"亦分西汉今文学、东汉古文学及宋学三派。西汉初,《春秋》分为五家,为左氏、公羊、谷梁、邹氏、夹氏。后来"邹氏无师,夹氏有录无书",故谨存其三。《左传》属于古文学，始发现者为刘歆，故今文学家诋为即歆所伪造。自歆以后，始有传授源流可寻。东汉末，郑玄初治《公羊》，后改治《左传》，以所注授服虔，学乃大行。三国时，公、谷学已渐衰微，治《左传》者益众。晋杜预好《左传》，成《春秋经传集解》，又撰《春秋释例》，至今为最通行之本。南北朝时，或宗杜《注》，或宗服《传》，互相排挤。至唐孔颖达疏《五经》，《左传》用杜注，于是贾、服《传》《注》遂亡。《公羊传》属于今文学，汉初始于胡毋生及董仲舒。传至严氏、颜氏二家，都立于学官，遂分二派。东汉时，何休专主《公羊》，力排《左》、《谷》，撰《公羊解诂》，流传至今。三国以后，逐渐衰落。唐徐彦撰《公羊传疏》，注取何休《解诂》，颇得汉学正传。清末康有为撰《大同书》，尤为引申《公羊》学的名著。《谷梁传》的学派谁属，已成疑问。相传始于汉初的申公。西汉时，朝廷曾集经师平《公》、《谷》异同，萧望之、刘向等都倾向《谷梁》，于是其学渐盛。东晋范宁集诸家旧说，成《谷梁集解》，流传至今。唐杨士勋《谷梁义疏》，即以集解为主。宋代的春秋学则以弃传谈经为特色。他们不是排斥"三传"，就是揉杂"三传"。其后胡安国撰《春秋传》，假经文以论时政，更不顾经传原意。明代以《胡传》列入《五经大全》，其书大行，至清乾隆时始废。

〔问题〕

(1) 何谓"春秋"?

(2) 《春秋》为何人所作?

(3) 《春秋》的内容怎样?

(4) "春秋三传"的异同何在?

(5) 《左传》的作者为谁?来源怎样?

(6) 《公羊传》与《左传》有何不同?

(7) 《公羊传》的内容怎样?作者为谁?

(8) 《谷梁传》的体裁若何?何人所作?

(9) 春秋学的派别如何?

六 《论语》

《论语》的名称,开始于孔子弟子撰集的时候。王充以为孔安国授鲁人扶卿,始名《论语》,其说不可信。但在两汉时代,或单称为《论》,或单称为《语》,或别称为《传》,或别称为《记》,或详称为《论语说》,颇不一其辞。汉以后,《论语》名称的使用始渐确定。

汉初的《论语》,计有三种:一为《鲁论》,鲁人所学,凡二十篇,就是现行《论语》所根据之本。二为《齐论》,齐人所学,凡二十二篇,多《问王》、《知道》二篇,即二十篇中的章句，也较《鲁论》为多。三为《古论》，得自孔壁，凡二十一篇，分《尧曰》下半篇为《从政》篇，篇次亦不与《齐论》、《鲁论》相同。

现行的《论语》凡二十篇，为《学而》、《为政》、《八佾》、《里仁》、《公冶长》、《雍也》、《述而》、《泰伯》、《子罕》、《乡党》、《先进》、《颜渊》、《子路》、《宪问》、《卫灵公》、《季氏》、《阳货》、《微子》、《子张》及《尧曰》。《论语》的作者是谁呢？《汉书·艺文志》说："《论语》者，孔子应答弟子时人，及弟子相与言，而接闻于夫子之语也。当时弟子，各有所记；夫子既卒，门人相与辑而论纂，故谓之《论语》。"郑玄以为仲弓、子游、子夏等所撰；柳宗元以为曾子弟子所作；程颐以为曾子、有子的弟子所论撰；永亨以为出于闵氏。诸说自以《汉书》为最有理，但郑玄说亦未可厚非。

"论语学"在西汉时代已有今、古文的派别。《鲁论》、《齐论》属今文；《古论》属古文。传《鲁论》的有龚奋、夏侯建诸人；传《齐论》的有王吉、宋畸诸人；传《古论》的相传有孔安国，曾为撰《训解》。其后张禹混合《齐》、《鲁》，成为《张侯论》；马融亦为《古论》作注。汉末，郑玄以《张侯论》为本，参以《齐论》、《古论》而为之注，盛行于时。三国时，王肃撰《论语解》，故意与郑注立异。晋代王弼亦注《论语》；何晏诸人又杂采汉、魏经师八家之说,成《论语集解》,流传至今。北朝盛行郑学;南朝以何解为主。梁皇侃作《论语义疏》,国内久佚,近始由日本传入。宋儒邢昺撰《论语正义》,即根据皇《疏》,剪其枝蔓,传以义理,为汉、宋学转变期的作品。及南宋朱熹出,辑集宋儒十一家的学说,撰《论语集注》,又撰《或问》及《精义》,且把《集注》列为"四子书"之一,尤见盛行。清人撰注,以焦循《论语通释》及刘宝楠《论语正义》最为精审。

〔问题〕

(1) 《论语》有何异名?

(2) 《论语》的传本有哪几种?有何不同?

(3) 《论语》的内容怎样?

(4) 《论语》的作者为谁?

(5) "论语学"的派别怎样?

七 《孝经》

诸经中本来称为"经"的,只有《孝经》一书。为什么叫《孝经》呢?"孝"是"事亲之名","经"是"常行之典"。总括说起来,乃是示人以"事亲的常典"的书。在诸经中字数亦最少,据郑耕老的计算,全书只有一千九百零三字。

这本小小的经书,它的版本却有四种之多。一为今文本,凡十八篇,现在通行的《十三经注疏》本,即据此本。二为古文本,凡二十二篇,出于孔壁,在南朝梁时已亡佚。三为隋代后得的古文本,附有孔安国《传》,本为王肃伪作,由王劭送给刘炫,始显于世,故亦有人以为即刘炫伪作。今亦亡佚。四为清代后得的日本古文本及孔《传》,都诞妄不可据,现在尚存。

《孝经》的作者为谁?各家所言殊不一致,最要者有六说:一、以为孔子所作,班固、郑玄等主此说。二、以为曾参所作,司马迁有此说。三、以为曾子弟子所作,晁公武、王应麟主此说。四、以为曾子弟子子思作,冯椅有此说。五、以为七十子之徒所作,毛奇龄主此说。六、以为汉儒伪作,姚际恒主此说。此六说以一、二两说最有势力,但以第五说最为合理。

通行之《孝经》为今文本,凡分十八章,为《开宗明义章》、《天子章》、《诸侯章》、《卿大夫章》、《士章》、《庶人章》、《三才章》、《孝治章》、《圣治章》、《纪孝行章》、《五刑章》、《广要道章》、《广至德章》、《广扬名章》、《谏诤章》、《感应章》、《事君章》及《丧亲章》。古文《孝经》则为二十二章,《庶人章》分为二,《圣治章》分为三,又多《闺门》

一章，文字异者亦有四百余。《孝经》全书所述，为自天子至庶人治亲的孝道，故历来学者均视为人生必读之书。

"孝经学"亦分汉学与宋学二派，汉学亦有今文与古文之分。《孝经》的传注，最早的为魏文侯《孝经传》。西汉时，传今文的有长孙氏、江翁、后苍、翼奉、张禹五家。传古文的仅为孔安国。东汉时，有郑注《今文孝经》出现，或云郑玄注，或云非是。南北朝时，以之列入学官。《古文孝经》有马融为之注，至梁而亡。隋王孝逸得《伪古文孝经》孔《传》，由王劭示刘炫，炫为撰《孝经述义》。其后《今文孝经》经唐玄宗二度为之注，并诏元行冲撰《疏》。宋邢昺《孝经注疏》即以行冲《疏》为蓝本，今列为十三注疏之一。《伪古文孝经》孔《传》因而渐亡。宋儒治《孝经》，多改窜经文，重分章节。朱熹信《古文孝经》，撰有《孝经刊误》，分为经一章、传十四章，删改旧文二百二十三字。元吴澄则信《今文孝经》，撰《孝经章句》，仿朱熹方法，分为经一章、传十二章。清乾隆间，汪翼沧得日本《古文孝经》孔《传》本，流行国内，学者多以为伪中之伪，不之重视。

〔问题〕

(1) 何谓"孝经"？

(2) 《孝经》有哪几种版本？

(3)《孝经》的作者为谁?

(4)《孝经》的内容怎样?

(5)《孝经》学的派别如何?

八 《大学》与《中庸》

《大学》本为《礼记》第四十一篇,专说古时候大学中教人的次第,或以为记古人"博学"之道,由是可以达于"为政"之意。自河南程氏认为孔氏的遗书;宋儒朱熹又把它与《论语》、《孟子》、《中庸》三书别立为"四子书",于是就特别为人尊崇。

《大学》的作者为谁?已不能确知。相传传自曾子,故有人以为即曾子作。依朱熹章句,全书分为:《总纲》、《格物》、《致知》、《诚意》、《正心修身》、《修身齐家》、《齐家治国》、《治国平天下》八章。《总纲》以"明德"、"亲民"、"止善"三端为之纲,以下分条解释它的细目"格物"、"致知"、"诚意"、"正心"、"修身"、"齐家"、"治国"、"平天下",而一贯之以"诚"字。

《中庸》本为《礼记》第三十一篇,自程颐、朱熹二儒以《大学》与本篇同为吾人修养道学的根要,于是把它们从《礼记》中独立出来,与《论语》、《孟子》同列为"四子书"。为什么叫做"中庸"呢?所谓"不偏之谓'中',不易之谓'庸'",固很精确,就是"中者天下之正道;庸者天下之定理",亦属至当不移。

《中庸》本是孔门传授心法的书,出自子思,故后人即指为子思作。依朱熹章句,全书可分三十三章,为《天命》、《君子中庸》、《中庸其至》、《道之不行》、《道其不行》、《大知》、《予知》、《回之为人》、《中庸不可能》、《问强》、《索隐》、《费隐》、《道不远人》、《素位》、《行远》、《鬼神》、《大孝》、《无忧》、《达孝》、《问政》、《自诚明》、《尽性》、《致曲》、《前知》、《自成》、《无息》、《大哉》、《自用》、《三重》、《祖述》、《至圣》、《经纶》及《衣锦》。前半部发明"中"字之义居多;后半部发明"诚"字之义居多。有许多言辞,大都和《大学》互相发明;故前儒以为《大学》是《中庸》的门户,而《中庸》是《大学》的阃奥。

《大学》、《中庸》二书,古代虽偶亦单行,但因都是《礼记》的一篇,故无学派可说。

〔问题〕

(1) 何谓"大学"?

(2)《大学》本为何书的一篇?

(3) 何人把《大学》列为"四子书"之一?

(4) 《大学》的作者为谁?

(5) 《大学》的内容若何?

(6) 何谓"中庸"?

(7) 《中庸》本为何书的一篇?

(8) 何人把《中庸》列入"四子书"?

(9) 《中庸》的作者为谁?

(10) 《中庸》的内容怎样?

(11) 《大学》和《中庸》何以无学派可说?

九 附——小学

"小学"本是指与"大学"对称的小学校。因为古代八岁入小学,保氏教国子先以六书,于是遂名六书为小学,即现代所称的文字学。自《汉书·艺文志》附小学于六艺之后,后人遂视"小学"为经学的附庸。《隋志》增以金石刻文,《唐志》增以书法、书品,已非初旨。及朱熹作《小学》以配《大学》,《郡斋读书附志》以《弟子职》、《蒙求》之类列入"小学",于是成为小学教科书的共名了。

汉律:"太史试学童能讽、籀、书九千字以上,乃得为史。""讽"为"讽诵其音","籀"为"籀绎其义","书"

为"书写其形",三者都明白,才能谓之真正识字。所以小学可分为三部研究,即《说文》学、音韵学与训诂学。《说文》学的研究对象为文字的"形",音韵学的研究对象为文字的"音",而训诂学的研究对象则为文字的"义"。

吾国在未有文字之前,替代言语用的符号,已有庖牺氏的"画卦"与神农氏的"结绳"。后来黄帝之史仓颉,见鸟兽蹄迒之迹,始造文字。文与字的分别,据最初的意义,则"依类象形谓之文,形声相益谓之字"。又,独体为文,合体为字。至周宣王时,太史籀作大篆,亦名籀书。秦时李斯等就大篆改省而作小篆;始皇复命程邈作隶书,以便徒隶之用,于是文字日趋简易。秦代文字共有八体,为大篆、小篆、隶书、刻符、虫书、摹印、署书及殳书。其后新莽复改定为六体,为古文、奇字、篆书、佐书、缪篆及鸟虫书。草书起于秦末,至西汉史游作《急就篇》,功用愈著。八分书始于东汉王次仲;行书始于东汉刘德升。汉、魏以来,八分书逐渐变换,遂成现在的真书。

字形起原于庖牺氏的画卦,至神农氏的结绳更具模型。及仓颉造字,字体日繁,遂有所谓"六书"。何谓"六书"?《说文解字》序说:"一曰指事:视而可识,察而见意,'上'、'下'是也。二曰象形:画成其物,随体诘诎,'日'、'月'是也。三曰形声:以事为名,取譬相成,'江'、'河'

是也。四曰会意：比类合谊，以见指㧑，'武'、'信'是也。五曰转注：建类一首，同意相受，'考'、'老'是也。六曰假借：本无其字，依声托事，'令'、'长'是也。""六书"排列的次序和名称，各有不同，除上述《说文解字》所载外，《汉书·艺文志》作象形、象事、象意、象声、转注及假借；郑众《周官注》作象形、会意、转注、处事、假借及谐声。《说文解字》以"六书"释文字，重在解形，故研字形者必读《说文》，因称字形之学为《说文》学。《说文》注本的佳者，有段玉裁的《说文解字注》、王筠的《说文句读》及《释例》和朱骏声的《说文通训定声》。及近代甲骨文字发现，字形之学更另辟一新的研究对象。

音韵学的研究对象为音、声、韵。古代"六书"中已有"形声"，故另外无专门的字音之学。及魏李登作《声类》，始判清浊，分宫商，以五声命字。晋吕静仿之为《韵集》。齐周颙作《四声切韵》、梁沈约作《四声谱》，于是又有四声的确定。隋陆法言等撰《切韵》、唐孙愐本之而作《唐韵》，合四声区为二百六部，今其书皆不传。宋陈彭年等因《切韵》而专修《广韵》。后有丁度《集韵》及戚纶等定《礼部韵略》，为宋时程试功令。平水刘渊取而并之为一百七部，是为"平水韵"。元阴时夫撰《韵府群玉》，又本平水韵而删为一百六部，即近世通行的《诗韵》。

以上为今音之学。自今音行而古音晦，始有所谓古音之学。宋吴棫创叶音之说，遂作《韵谱》。明杨慎本之而作《古音略例》等五书，陈第作《毛诗古音考》及《屈宋音古义》，于是古音复有门径可寻。此后如顾炎武作《音学五书》、江永作《古韵标准》、戴震作《声类》、段玉裁作《六书音韵表》、章炳麟作《成均图》，并为发明古音学的要籍。此外又有等韵学。古代有"反语"，反一音为二字。"反"又称为"切"，因名"反切"。其后乃别一音化二为"反"，二音合一为"切"。反切的上一字，必与所切的音同组，名曰"双声"；反切的下一字，必与所切的音同韵，名曰"叠韵"。当反切初行，尚无所谓韵目。及《切韵》出，始有"东"、"冬"、"钟"、"江"等目。唐末沙门守温依梵音，创三十六字，为见、溪、群、疑、端、透、定、泥、来、知、彻、澄、娘、日、帮、滂、并、明、非、敷、奉、微、精、清、从、心、邪、照、穿、床、审、禅、晓、匣、影、喻，为声母。宋人乃取韵书上的字，依此三十六字母的次序排列成图，如司马光的《切韵指掌图》，是谓等韵之学。迨国音学兴，声韵学上又多了一个讨论的问题了。

训诂学重在解释字义，以《尔雅》为先导。《尔雅》十九篇，不出一人之手。陆德明以《释诂》一篇为周公作，其余或言为孔子、子夏、叔孙通、梁文等所增益。邵晋涵谓为孔子门人所作,以释六艺之言,说最近古。大抵其书出于春秋、战国之际,会通方言,训诂名物,至切时用。后人以其足以诂经,故列为十三经之一。晋郭璞为之《注》、宋邢昺为之《疏》,及清郝懿行作《义疏》、邵晋涵作《正义》,尤臻赅博。《尔雅》后有《方言》,旧传扬雄所作,洪迈疑为伪托。其书详于邦国、名物、言语的异同,多为训诂家所资借。清戴震为之作《疏证》、钱绎为之作《笺疏》。稍后有刘熙《释名》,由音以求义。及魏,有张揖的《广雅》,清王念孙为作《疏证》。宋有陆佃作《埤雅》、罗愿作《尔雅翼》。明朱谋㙔的《骈雅》,则取古书文句典奥者,联二字为一词,骈异文为同义,足为摛藻之助。至若杭世骏作《续方言》,补《方言》的遗漏,章太炎作《新方言》,尤多创通之义。

〔问题〕

(1) 何谓"小学"?

(2) "小学"的内容怎样?

(3) 中国古代替代言语的符号有哪几种?

(4) 造字始于何人?

(5) "文"和"字"有何区别?

(6) 大篆为谁所作?

(7) 小篆的作者为谁？

(8) 隶书何人所作？

(9) 何谓八体？

(10) 何谓六体？

(11) 草书始于何时？

(12) 行书何人所作？

(13) 八分书的作者为谁？

(14) 何谓六书？

(15) 音韵学的研究对象是什么？

(16) 音韵学始于何人？

(17) 何谓平水韵？

(18) 现代通行的诗韵系根据何书？

(19) 何谓古音学？

(20) 何谓反切？

(21) 何谓双声叠韵？

(22) 首创字母的是谁？

(23) 何谓等韵学？

(24) 《尔雅》何人所作？内容若何？

(25) 《方言》的作者为谁？内容若何？

(26) 《释名》的作者为谁？内容若何？

(27) 《骈雅》的作者为谁？内容若何？

第三讲
子 学

第一章 总 论

一 子的定义

"子学"是"诸子学"的简称,或名哲学。因为"子学"所包含的不仅是哲学一类,所以本书沿用旧称,仍名"子学"。

"子"字的最初意义,依《说文解字》,本为人类的通称。后来引申为"人之嘉称",如有德的人叫君子;王肃又以为"有德有爵之通称",如古时士大夫通称曰"子"。古时政教合一,师即是官,因称师为"子"或"夫子"。到了后来,学术由私家传授,于是弟子便以"子"字题他所奉的师的著作。这是"子书"名称的由来。

不过"子"本乃指人而说,并不指其派别。派别的通称叫做"家"。周代重"世禄"的制度,往往以官为世,代守其业,子传父学,故称曰"家"。后来官失其守,家学放失，只要传某派的学术的，便叫"某家"；于是失去了它本来的意义。

孙星衍说："凡称子书，都非自著。"盖子书大都不出于一人之手，亦非作于一时。至以"诸子"并提，则始于《庄子·天下篇》、《荀子·非十二子篇》；各家并提，则始于司马谈《论六家要指》。刘歆作《七略》，辑"子书"为一略，即名《诸子略》。于是开"子学"研究的雏形，而"诸子"之名亦成立。

〔问题〕

(1) "子"的本义怎样？

(2) 何谓"子"？

(3) 何谓"家"？

(4) 子书是否出于一人和作于一时？

(5) "诸子"的名称始于何时？

二 诸子的来源

凡是一种学术的产生，决不是凭空掉下，必有它的来源可寻。诸子虽所包甚广，派别纷歧，但也都有它们的来源。自来研究诸子的来源的，共有二说：一谓"出

于王官";一谓"救世之弊"。以为"出于王官"的为《汉书·艺文志》,它把诸子分为十家,而各系以说:

儒家。"出于司徒之官"。"祖述尧、舜,宪章文、武,宗师仲尼"。有晏子等五十三家。

道家。"出于史官"。"清虚以自守,卑弱以自持"。有伊尹等三十七家。

阴阳家。"出于羲和之官"。"敬顺昊天,历象日月星辰,敬授民时"。有宋司星子韦等二十一家。

法家。"出于理官"。"信赏必罚,以辅礼制"。有李悝等十家。

名家。"出于礼官"。"古者名位不同,礼亦数异"。有邓析等七家。

墨家。"出清庙之守"。主"贵俭"、"兼爱"、"上贤"、"右鬼'、"非命"、"尚同"。有尹佚等六家。

纵横家。"出于行人之官"。"使于四方,……受命而不受辞"。有苏秦等十二家。

杂家。"出于议官"。"兼儒、墨,合名、法"。有孔甲等二十家。

农家。"出于农稷之官"。"播百谷、劝耕桑以足衣食"。有神农等九家。

小说家。"出于稗官"。"街谈巷语、道听途说者之所造也"。有伊尹等十五家。

主张"救世之弊"的为淮南王刘安,他在《淮南子·要略》里说:

"纣为天子,杀戮无止,……作为炮烙之刑,刳谏者,剔孕妇,天下同心而苦之。……文王欲以卑弱制强暴,以为天下去残除贼,而成王道:故太公之谋生焉。"

"周公继文王之业,辅翼成王。惧争道之不塞,……故纵马华山,放牛桃林,败鼓折袍,搢笏而朝。……孔子修成、康之道,述周公之训,以教七十子,使服其衣冠,修其篇籍:故'儒者'之学生焉。"

"墨子学'儒者'之业,……以其礼烦扰而不说,厚葬靡财而贫民,久服伤生而害事,故背周道而用夏政,……故节财、薄葬、闲服生焉。"

"齐桓公之时,天子卑弱,诸侯力征,南夷北狄,交伐中国。……齐国地狭田少,而民多智巧;桓公……故以存亡继绝,崇天子之位,广文、武之业:故管子之书生焉。"

"齐景公内好声色,外好狗马,……故晏子之谏生焉。"

"晚世之时,六国诸侯,……力征争权,胜者为右,恃连与,约重致,剖信符,结远援,以守其国家,……故纵横、修短生焉。"

"韩,晋别国也。……晋国之故礼未灭,韩国之新法重生;先君之令未收,后君之令又下;新故相反,前后相缪,百官背乱,不知所用:故刑名之书生焉。"

"秦国之俗贪狠,强力寡义而趋利;可威以刑,而不可化以善;可以劝以赏,而不可厉以名:……故商鞅之法生焉。"

这二种说法,究竟哪一种对呢?吕思勉以为"天下无'无根'之物;使诸子之学,前无所承,周、秦之际,时势虽亟,何能发生如此高深之学术?天下亦无'无缘'之事;使非周、秦间之时势有以促成之,则古代浑而未分之哲学,何由推衍之于各方面,而成今诸子之学乎?"所以他以为二说都是的。但胡适著《诸子不出于王官论》,却极反对《汉志》之说。

〔问题〕

(1) 诸子的来源有哪几种说法?

(2) 主诸子出于王官的为何书?怎样说法?

(3) 主诸子起于救世之弊的为何书?怎样说法?

(4) 吕思勉对于二派所说的批评怎样?

三 诸子的派别

诸子的派别,说者纷歧,究竟有几,迄无定论。现在从《庄子·天下篇》所论列者叙起,至清代《四库全书》所收录的为止,既可明古往今来学者对于诸子派别分合意见的演变,又可藉以明白自古迄今诸派著述存佚的经过。

《庄子·天下篇》所论列的各家,虽当时"诸子"之名尚未成立,然已都属于"子",计凡五家,并己而六:一、为墨翟、禽滑釐。二、为宋钘、尹文。三、为彭蒙、田骈、慎到。四、为关尹、老聃。五、为庄周自己。六、为惠施。《荀子·非十二子》,则分为六说十二家:一、为它嚣、魏牟。二、为陈仲、史鰌。三、为墨翟、宋钘。四、为慎到、田骈。五、为惠施、邓析。六、为子思、孟轲。司马迁《史记·太史公自序》,述他的父亲谈《论六家要指》,亦分为六家:一为阴阳家;二为儒家;三为墨家;四为名家;五为法家;六为道德家。正式以"儒"、"墨"、"法"、"道"等名以名各家派别的不同,肇始于此。其后班固《汉书·艺文志》,本刘歆《七略》,立"诸子略"为一门,分为儒、道、阴阳、法、名、墨、纵横、杂、农、小说十家。其中除小说家外,亦称九流。上述四家所论列,以司马谈为最精,而以班固为最通行。

《汉志》以后,诸史多有《艺文志》,《隋书》及《旧唐书》则名《经籍志》。《隋志》所录子部,分为十四类,为儒、道、法、名、墨、纵横、杂、农、小说、兵、天文、历数、五行及医方。《两唐·书志》则分为十七类，为儒、道、法、名、墨、纵横、杂、农、小说、天文、历算、兵书、五行、杂艺、类书、经脉及医术。《宋志》亦分类为十七，与《两唐·书志》仅有一二名目上的不同。至清人辑《四库全书》，所收更富，但仅分十四类，为儒、兵、法、农、医、天文算法、术数、艺术、谱录、杂、类书、小说、释及道。上列诸家所分，渐超出于"子"的本来意义的范围，故子学家都不之从。

诸子思想，自以周、秦为盛，故有人主张"子学"当以周、秦诸子为限。如果仅据周、秦诸子的思想，总括起来，可列为四大派：一为邹、鲁派，标榜"仁、义"，以孔子、孟子为其中心，而荀子似为支派。二为陈、宋派，亦称荆、楚派，鼓吹"虚无"，以老子、庄子为其中心，而墨翟、宋钘、许行、陈相、陈辛等为其支派。三为郑、卫派，亦称三晋派，倡导"法、术"，以申不害、公孙鞅、慎到、韩非为其中心，而邓析、惠施、公孙龙、魏牟等为其支派。四为燕、齐派。务为"空疏迂怪"之说，以邹衍、邹奭、淳于髡、田骈、接子为其中心。

本书所叙，依司马谈分为六家，为阴阳、儒、墨、名、法、道德。次序则依《汉志》，为儒、道、阴阳、法、名、墨。最后以杂家及其他为附录。

〔问题〕

(1)《庄子》分诸子为哪几派?

(2) 司马谈分诸子为哪几家?

(3)《七略》分诸子为哪几家?

(4)《隋书·经籍志》分诸子为哪几类?

(5)《两唐·书志》分诸子为哪几类?

(6)《宋史·艺文志》分诸子为哪几类?

(7)《四库全书》分诸子为哪几类?

(8) 周、秦诸子可分为哪几派?

(9) 本书的分类法怎样?

第二章 各 论

一 儒 家

"儒"本来是"术士"的通称,术士即学道之士。《周官·大宰》"儒以道得名",与"师"对举,《疏》称"儒,有道德、有道术者之通名"。师既与儒并言,则儒本为掌教育的人,就是以"六艺"教人的保氏。因为孔门专传"六艺"之学,故遂加以"儒家"的称号。

孔门教育,分为四科,孔子尝称:"德行:颜渊、闵子骞、冉伯牛、仲弓。言语:宰我、子贡。政事:冉有、季路。文学:子游、子夏。"照这样看来,在孔子之时,儒家已分为四派。《韩非子·显学篇》以为孔子死后,儒分为八:"有子张之儒,有子思之儒,有颜氏之儒,有孟氏之儒,有漆雕氏之儒,有仲良氏之儒,有孙氏之儒,有乐正氏之儒。"这八派的书,多已不传。实际上只有孟、荀二家，始为孔门之两大宗派。

《汉书·艺文志》所载周、秦儒家，凡三十家，其目如下：《晏子》八篇，《子思子》二十三篇，《曾子》十八篇，《漆雕子》十三篇，《宓子》十六篇，《景子》三篇，《世子》二十一篇，《魏文侯》六篇，《李克》七篇，《公孙尼子》二十八篇，《孟子》十一篇，《孙卿子》三十三篇，《芈子》十八篇，《内业》十五篇，《周史大韬》六篇，《周政》六篇，《周法》九篇，《谰言》十篇，《功议》四篇，《宁越》一篇，《王孙子》一篇，《公孙固》一篇，《李氏春秋》二篇，《羊子》四篇，《董子》一篇，《俟子》一篇，《徐子》四十二篇，《鲁仲连子》十四篇，《平原君》七篇，《虞氏春秋》十五篇。此三十家中，存于今者仅《晏子》、《孟子》、《荀子》三家，《子思子》、《曾子》则仅存残余，其余都已亡佚。

后人因《晏子》中多诋毁孔子之言，疑《汉志》列入儒家为不当。不知儒家之教，以五伦为基本，以礼乐为工具。周公制礼作乐，千古莫与之比，故为儒家所肇始。晏子、孔子同为祖述儒家，而晏子非孔，正和孟、荀二子同尊孔子而荀子非孟一样。或以晏子列入墨家，因晏子学说中，主张爱民、非战、尚贤、尚俭数点，与墨子相同，殊不知晏子又主崇礼、非鬼。其说根本与墨家相反，而与儒家却全同。且他的爱民、非战、尚贤、尚俭诸说，本与儒家亦不相非,故以列入儒家为妥。

晏子名婴,字平仲,莱之夷维人。事齐灵公、庄公、景公,以节俭力行重于齐。《史记》称他"既相齐,食不重肉,妾不衣帛;其在朝,君语及之,即危言,语不及之,即危行;国有道即顺命,无道即衡命。以此三世显名于诸侯。"可见他是一个言行相顾的人,足为儒家的模范。他死后,其客哀之,集其行事成书,名为《晏子》。

《晏子》一名《晏子春秋》,篇目如下:《内篇谏上》第一,《内篇谏下》第二,《内篇问上》第三,《内篇问下》第四,《内篇杂上》第五,《内篇杂下》第六,《外篇重而异者》第七,《外篇不合经术者》第八。后人以篇为卷,又合杂上、下二篇为一,故或作七卷。研究《晏子》的最佳本,当推刘师培《晏子春秋补释》。

属于孔子一派的儒家,自以孟、荀二子为大家。孟子名轲,字子舆(一作子车),邹人,受业于子思的门人。他好称尧、舜,学孔子,道性善,言仁义,尊王贱霸,贵民轻君。时天下方专务合从连衡,以攻伐为贤,故历事齐、梁之君而道不行。乃退而与万章、公孙丑诸徒,序《诗》、《书》,作《孟子》七篇。孟子之学亦主中庸,而气质稍偏于刚,故他反对异派,辞严理逊。如斥墨为无父,斥杨为无君,斥许行为相率为伪,斥张仪为妾妇之道，言多不合论理。但他的说时君，以"民事"、"民贵"为本，以"仁政"、"王道"为归，以"善战"、"罔利"为戒，蔼然仁者之言，实胜于孔子之"尊君"与重"阶级"。所以近世学者还很称道他。

《孟子》七篇，每篇又分上下，首《梁惠王》，次《公孙丑》，再次为《滕文公》、《离娄》、《万章》、《告子》及《尽心》。其书司马迁、赵歧皆谓孟子所自作；吴姚信、韩愈以为孟子的门弟子所作；阎若璩以为孟子自作，而经门弟子的叙定；林之奇则以为孟子的门弟子所作，而且杂有再传的门弟子的纪录：此四说以最后一说为较优。但《汉志》著录者为十一篇，《风俗通》作《书》中、外十一篇；盖以七篇为中，四篇为外。赵歧以为"《外书》四篇，《性善辨》、《文说》、《孝经》、《为政》，其文不能宏深，不与内篇相似，非孟子本真，后世依傲而讬者也"。书已久佚。至于现存的《孟子外书》，又是"伪中之伪"了。《孟子》本书，经宋人列入经籍，为十三经之一。注本甚多，以焦循《孟子正义》为最精，以朱熹《孟子集注》为最便诵习。

荀子于诸经无所不通，孟子而外，人罕能比。司马迁以孟、荀同传，实有卓见。荀子名况，时人尊称曰卿，故曰荀卿，或作孙卿，荀孙乃一音之转。他是赵国人，年五十，始游齐，继适楚。春申君以为兰陵令。《史记》称他"嫉浊世之政，亡国乱君相属，不遂大道，而营于巫祝，信禨祥，鄙儒小拘，如庄周等又滑稽乱俗，于是推儒、墨、道德之行事兴废，序列著数万言而卒"。他的学说本宗孔子，故"诵说王道，以仁、义、礼、乐为归，以笃学、隆师为方，以正名、化性为本，以治气、养心为守"。他的《非十二子》推诸子之言，《正论》纠世俗之说，其旨颇粹。但他主张性恶，法后王，与孟子道性善，称尧、舜的观点不同；又斥子思、孟子处语太偏激，故甚为后世儒家之徒所反对。苏轼甚至以李斯曾从受业，因以乱秦之罪加在他的身上，那真不免所谓"深文周内"了！

《汉志》著录《孙卿子》三十三篇，据王应麟考证，谓当作三十二篇。今本的三十二篇目次，为《劝学》、《修身》、《不苟》、《荣辱》、《非相》、《非十二子》、《仲尼》、《儒效》、《王制》、《富国》、《王霸》、《君道》、《臣道》、《致士》、《议兵》、《强国》、《天论》、《正论》、《礼论》、《乐论》、《解蔽》、《正名》、《性恶》、《君子》、《成相》、《赋》、《大略》、《宥坐》、《子道》、《法行》、《哀公》及《尧问》。据《刘向校书序录》，向原校定本为十二卷，题曰《新书》。杨倞复分易旧第，编为二十卷，且为之注，又更《新书》

之名为《荀子》,即今行本是。王先谦复据杨注本为之《集解》,成为最精而最便诵习之本。

其余儒家之书,如《曾子》残存十篇,载在《大戴礼记》,阮元取而为之注释,现亦单行。曾子在孔门,述《大学》,作《孝经》,故其学以"孝"、"礼"为本。《子思子》残存四篇,载在《礼记》,《中庸》一篇,是他自撰,其他三篇,《坊记》、《表记》、《缁衣》为他的门人所纂。其书亦偏重言礼。此外《公孙尼子》原书已佚,但《礼记》采他的《乐记》十一篇,合为一篇。《缁衣》刘献以为亦公孙尼子作,但今已知出自子思,自属不确。《漆雕子》之学说,则散见于《家语》、《韩非子》及《论衡》。《世子》之学说亦见《论衡》。《宓子》与《景子》,则杂见于《家语》、《韩非子》、《吕氏春秋》、《韩诗外传》、《说苑》及《淮南子》。《宁越》仅见于《吕氏春秋》。《王孙子》则见《北堂书钞》及《太平御览》所引。《董子》见《论衡》。《虞卿》见《史记·虞卿列传》。虽大都为片段的论述,然各家学说之精粹所在,赖此可以考见,亦为学术界之幸事。

自来对于各家的批评,亦以司马谈最为公允。谈以为儒家之短,在于"博而寡要,劳而少功",所以他说:"儒者以六艺为法,六艺经传以千万数,累世不能通其学,当年不能究其礼,故曰:'博而寡要,劳而少功。'若夫列君臣、父子之礼,序夫妇、长幼之别,虽百家不能易也。"

〔问题〕

(1) 何谓"儒家"?

(2) 儒家有何派别?

(3) 《汉书·艺文志》所载儒家有哪几家?

(4) 《晏子》何以列入儒家?

(5) 《晏子》的内容和思想怎样?

(6) 《孟子》的内容和思想怎样?

(7) 《荀子》的内容和思想怎样?

(8) 《晏子》、《孟子》、《荀子》外的儒家著作有没有佚存?

(9) 司马谈对于儒家的批评怎样?

二 道 家

"道家"之名,依司马谈《论六家要指》,应作"道德家"。江瑔以为"道"乃道术之通称,诸子百家皆为道,故不得独举以目老、庄之徒。但陈柱以为道家出于史,史为道术的总归,故道家为道术的全部,诸子为道术的一部;全部可以括道,一部不足以括道,故仅道家可名曰"道"。

道家托始于黄帝,故黄老并称。其来源在诸子中为最先。大概自黄帝以后老子以前二千年中,只有道家之学,历久不衰。其他各家均产生于春秋、战国之际,皆在道家之后。然同为道家,老、庄亦不同派,故《庄子·天下篇》,列关尹、老聃为一派,而庄周自为一派。这二派同主崇尚自然,但一派因自然力的伟大,以为人事皆无可为,遂一切放下,所以主张"委心任运,乘化以待尽";一派则欲因任之以致仕,善用之以求胜,所以主张"秉要执本,清虚以自守,卑弱以自持"。前者以庄、列为代表,后者以老子为代表。

《汉书·艺文志》所录周、秦道家的书,有《伊尹》五十一篇;《太公》二百三十七篇,《谋》八十一篇,《言》七十一篇,《兵》八十五篇;《辛甲》二十九篇;《鬻子》二十二篇;《管子》八十六篇;《老子邻氏经传》四篇,《傅氏经说》三十七篇,《徐氏经说》六篇;《刘向说老子》四篇;《文子》九篇;《蜎子》十三篇;《关尹子》九篇;《庄子》五十二篇;《列子》八篇;《老成子》十八篇;《长卢子》九篇;《王狄子》一篇;《公子牟》四篇;《田子》二十五篇;《老莱子》十六篇;《黔娄子》四篇;《宫孙子》二篇;《鹖冠子》一篇;《周训》十四篇;《黄帝四经》四篇;《黄帝铭》六篇;《黄帝君臣》十篇;《杂黄帝》五十八篇;《力牧》二十二篇;《孙子》十六篇;《捷子》二篇;《郑长者》一篇;《楚子》三篇;

凡三十三家。此三十三家之书，今已无一全存者。今本《管子》、《庄子》均为残存之书；《老子》已不详为何氏本；《鹖子》、《文子》、《关尹子》、《列子》、《鹖冠子》皆为伪本；余皆亡佚不存。

老子姓李名耳，字伯阳，一字聃。李耳何以亦称老聃？胡适以为老或是字，因春秋时人好名字并举；或是姓，因古代贵族于姓之外还有氏，李耳或源出大族，故姓老而氏李。他是楚国苦县厉乡曲仁里人，曾做过周室守藏室之史，等于现在国家图书馆馆长，故孔子向之问礼。《史记》称他"修道德，其学以自隐无名为务。居周久之，见周之衰，乃遂去。至关，关令尹喜曰：'子将隐矣，彊为我著书！'于是老子著书上下篇，言道德之意五千言而去，莫知其所终。"老子法自然，主无为，以卑弱自处，所以他的对于政治的主张，主愚民，用权术，与儒家之主教化，以至诚完全相反。

今本《老子》二卷，分为《道经》与《德经》，凡八十一章，五千七百四十八言。《老子》书的称经，实始于汉景帝的时候。景帝因黄、老之书，义理深奥，故改子为经，立"道学"一门，敕令朝野之间，都讽诵它。至唐代，因同姓的关系，高宗封老子为玄元皇帝，其书尤见尊重。古来为之注者甚多，《道藏》所收，几及五十家。但通行本仅有河上公《注》及王弼《注》二家。河上公《注》为伪书,每章所加题目,尤为近俗。今人陈柱,精于老子学的研究,所著书很多。他的《老子集训》一书,集古来注释的大成,尤便于学子的研诵。

庄、列虽并称,但列子却在庄子之前。列子名御寇,为郑繻公时人。高似孙以为"庄周寓言,实无其人",盖因佚其书而并疑其人,并无确证。其书今存八篇,为伪作;书前有张湛序,述得书源流,殊不可信。序中有云:"属辞引类,特与《庄子》相似。庄子、慎到、韩非、尸子、淮南子,玄示指归,多称其言。"故后人以为即湛取材于《庄子》、《慎子》诸书而稍附益之以成。其书与《庄子》相类,精义虽不及《庄子》之多,而其文较《庄子》易解,足与《庄子》相参证。八篇之目,为《天瑞》、《黄帝》、《周穆王》、《仲尼》、《汤问》、《力命》、《杨朱》及《说符》。唐玄宗时,尊为《冲虚真经》;宋朝景德中,更加"至德"二字,故又称《冲虚至德真经》,列于《道藏》。

庄子名周,是宋国蒙县人。他曾作蒙漆园吏,和梁惠王、齐宣王同时。于学无所不窥,要其本,则归之于老子之言。著书凡十余万言,大抵以寓言为多,而诋訾孔子之徒,其所言尤洸洋自恣,故荀子诋为"滑稽乱俗"。当时自王公大人以下,不能器重他。楚威王闻其贤,使人以厚币往迎,许以为相。他笑对使者道:"千金重利也,卿相尊位也,子独不见郊祭之牺牛乎?养食之数岁,衣以文绣,以入太庙;当是之时,虽欲为孤豚,岂可得乎?子亟去!无污我!我宁游戏污渎之中自快,无为有国者所羁,终身不仕,以快吾志焉。"从这一段话里,可见庄子处世哲学的一斑。至其与老子学说的异同,已见前述,不复再叙。

今本《庄子》仅三十三篇,较之《汉志》所称少十九篇。五十二篇有司马彪及孟氏注本,今都佚失。三十三篇有郭象注本,分《内》、《外》、《杂》三篇,最为通行。三篇中《内篇》包含《逍遥游》、《齐物论》、《养生主》、《人间世》、《德充符》、《大宗师》、《应帝王》七篇,《外篇》包含《骈拇》、《马蹄》、《胠箧》、《在宥》、《天地》、《天道》、《天运》、《刻意》、《缮性》、《秋水》、《至乐》、《达生》、《山木》、《田子方》、《知北游》十五篇,《杂篇》包含《庚桑楚》、《徐无鬼》、《则阳》、《外物》、《寓言》、《让王》、《盗跖》、《说剑》、《渔父》、《列御寇》、《天下》十一篇。王树枏以为"内篇即内圣之道,外篇即外王之道,所谓静而圣,动而王也。杂篇者,杂述内圣外王之事,篇各为章,犹今人之杂记也"。其中《内篇》七篇,说者多以为真是庄子的作品,大致可信,但也有后人加入的话。至《外篇》、《杂篇》

则都非自作。然子书本非一人之言而为一家之言，故诸子均非出一人手笔，不独《庄子》是这样。其书亦名《南华真经》，晋人已有称之者，可见经名之定，后于《老子》而先于《列子》。注释本甚多，《道藏》所收，多至十余种。其中最便研习者，为郭庆藩的《庄子集释》、王先谦的《庄子集解》。二书一详而备，一简而要，各有所长。

管子名仲，字夷吾，事齐为大夫。尝佐齐桓公"九合诸侯"、"一匡天下"，颇为孔子所称。所传《管子》内容甚错杂，统观全书，以道、法二家之言为最多，故《七略》以之列入法家。然其间亦多兵家、纵横家、儒家、阴阳家及农家之言，故不如入之杂家为妥。至其作者，当非出于管子一人手笔，亦非成于一时。

今本《管子》中，自《牧民》至《幼官图》九篇，为《经言》；自《五辅》至《兵法》八篇，为《外言》；自《大匡》至《戒》九篇，为《内言》；自《地图》至《九变》十八篇，为《短语》；自《任法》至《内业》五篇，为《区言》；自《封禅》至《问霸》十三篇，为《杂篇》；自《牧民解》至《明法解》五篇，为《管子解》；自《臣乘马》至《轻重庚》十九篇，为《管子轻重》。其中已亡失《王言》等十篇；《封禅》原篇亦亡，系采《史记·封禅书》补入，已非原文了。

此外伪作的书，除《列子》外，尚有《鬻子》十四篇，唐逢行珪所献;《文子》十二篇，江瑮以为文种作，其书半袭《淮南子》，杜道坚为作《缵义》;《关尹子》九篇，南宋徐蒇得于永嘉孙定家;《鹖冠子》三卷十九篇，陆佃为之注，颇行于世。他如其书全佚，仍可于他书中考见其片辞只意的，有《老莱子》，见《庄子》、《孔丛子》、《战国策》、《列女传》、《高士传》、《大戴礼记》;《黔娄子》，见《高士传》、陶潜《五柳先生传》;《公子牟》，见《庄子》、《说苑》;《田子》，见《淮南子》、《吕氏春秋》;《郑长者》，见《韩非子》。此外则不可考。

　　道家的不见录于《汉志》，而且著作亦已佚亡，但在当时曾有盛大的势力的，尚有杨朱。蔡元培疑杨朱即庄周，因杨、庄叠韵，朱、周双声，古音可通;又以孟子单辟杨、墨而未及庄周为证。但《庄子》书中有阳子居，即为杨朱，阳、杨同音，子居为朱音之反，故知其决非为一人。杨朱学说，可考《列子·杨朱篇》。其学导源《老子》，主"为我"，故不与损一毫利天下，亦不取悉天下以奉一人;谓贤、愚、贵、贱同归于臭腐消灭，故重乐生逸身，而不为寿、名、位、货四事所困。其说较《老子》为狭而甚易入人心，故至战国而其道大盛。

　　司马谈评道家的长处，在于:"使人精神专一，动合无形，赡足万物。其为术也，因阴阳之大顺，采儒、墨之善，撮名分之要，与时迁移，应物变化，立俗施事，无所不宜；指约而易操，事少而功多。"故较儒家为推重。

〔问题〕

(1) 何谓"道家"？

(2) 道家的来源怎样？

(3) 道家有何派别？

(4) 《汉书·艺文志》所载道家有哪几家？

(5) 《老子》的内容和思想怎样？

(6) 《列子》的来源和内容怎样？

(7) 《庄子》的内容和思想怎样？

(8) 老庄思想有何不同？

(9) 《管子》的内容和思想怎样？

(10) 《列子》以外的伪书有哪几种？

(11) 杨朱在当时的势力和他的思想怎样？

(12) 司马谈对于道家的批评若何？

三 阴阳家

所谓"阴阳"，含有三义：一为"日月阴阳"，如羲和的"钦若昊天，敬授民时"即属此义；二为"阴阳变化"，就是兵书的阴阳；三为"五行阴阳"，就是五行的术数的阴阳。这三义中，以第一义为阴阳家的正宗，二三义则不过一技一艺，不足以代表阴阳家的全体。

《汉书·艺文志》以为"阴阳者流，盖出于羲和之官"。《尚书·尧典》载尧、舜命官，以羲和为最先，可见羲和为古代最重要的官。顾实《讲疏》云："羲和之官，详于《尧典》，仲叔四子（羲仲、羲叔、和仲、和叔）分宅四裔：'南交'则今之安南也。'朔方……幽都'，则今之黑龙江上源也。东西至日之所出入，则更远矣。本其实测而著历象，故古之阴阳家未可轻量也。"这就是第一派的阴阳家。"阴阳变化"一派，《汉志》名为"兵阴阳"。怎样叫"兵阴阳"呢？《汉志》说："顺时而发，推刑德，随斗击，因五胜，假鬼神而为助者也。"至"五行阴阳"，亦生于律历，亦本羲和之言；《汉志》云："五行者，五常之刑气也。……用五事以顺五行也。貌言视听思心失而五行之序乱，五星之变作，皆出于律历之数而分为一者也。其法亦起于五德终始，推其极则无所不至。"由"日月阴阳"演变而说五胜鬼神迂怪之事，为学术上屡变失宗之例，并非阴阳家本来如此。

据《汉志》所载周、秦阴阳家，共有十五，为《宋司星子韦》三篇，《公梼生终始》十四篇，《公孙发》

二十二篇,《邹子》四十九篇,《邹子始终》五十六篇,《乘丘子》五篇,《杜文公》五篇,《黄帝泰素》二十篇,《南公》三十一篇,《容成子》十四篇,《邹奭子》十二篇,《闾丘子》十三篇,《冯促》十三篇,《将钜子》五篇及《周伯》十一篇。这许多书现在都已佚亡,仅《宋司星子韦》有马国翰的辑本。

阴阳家的渐变它的本宗,始于春秋之时。上古时的阴阳家既如前所述,至春秋时,鲁梓慎、郑裨灶、晋卜偃、师旷衍之流,皆察阴阳,知灾祥,其言往往有验,然已非古之所谓阴阳家。到了战国时,典籍多失,官失其守,于是有齐人邹衍,为燕昭王师,居稷下,号谈天衍。《史记》称他:"……睹有国者益淫侈,不能尚德,……乃深观阴阳消息,而作怪迂之变,终始大圣之篇,十余万言。其语闳大不经,必先验小物,推而大之至于无垠;先序今以上至黄帝,学者所共术,大并世盛衰,因载其禨祥度制,推而远之,天地未生,窈冥不可考而原也;先列中国名山大川,通谷禽兽,水土所殖,物类所珍,因而推之及海外,人之所不能睹,称引天地剖判以来,五德转移,治各有宜,而符应若兹,以为儒者所谓中国者,于天下乃八十一分居其一分耳;……然其归必止乎仁义、节俭、君臣、上下、六亲之施,始也滥耳。"

陈柱据此文，以为可明邹衍的学术有四：一、其说因欲救"有国者益淫侈"而发，"其归必止于仁义、节俭、君臣、上下、六亲之施"。于此可见他为学的宗旨。二、他始用归纳法，验之于小物，得其同然，然后用演绎法以推他物，故曰："必先验小物，推而大之，至于无垠。"于此可见他的治学的方法。三、"先序今以上至黄帝"，"至天未生"。可以知道他曾应用他的治学方法以说古史。四、"先列中国名山大川"，"因而推之，及海外人之所不能睹"。可知他曾应用他的方法以说地理。陈柱又以其学先重实验而后演绎，与科学方法相近，与阴阳、主运、神仙、方士之说当绝不同，因疑"称引天地剖判以来，五德转移，治各有宜，而符应若兹"二十一字为后人所妄加。然《汉志》除《邹子》四十九篇外，尚有《邹子始终》五十六篇，所谓"始终"者，即指"五德相始终"。如言炎帝之王以火德，黄帝之王以土德，少昊之王以金德。夏德在水，故尚玄；殷德在金，故尚白；周德在火，故尚赤。秦灭周，以水克火，故秦为水德；汉胜秦，以土克水，故汉为土德。由此以言，邹衍之学，当不能谓之为全用科学方法了。

著《邹奭子》十二篇的邹奭，亦齐国人。《史记》称他"著书言治乱之事"，又说他"亦采邹衍之术以纪文，故齐国颂曰雕龙奭"。可见他与邹衍同派，特言过其文。

他若公梼生《终始》十四篇，班固自注谓"传邹奭《终始书》"。可见奭亦有与衍作同名的《终始书》，更足证实二人为同派。

阴阳家的学说，因著作全失，实难明白它的真相。虽邹衍的学说，尚可考见于《史记》；然邹氏之学，实超出阴阳家的范围，不能代表阴阳家全部学说。在中国思想上很占地位，而且支配了数千年国人心理的阴阳学说，反至淹没难明，不可不算是学术上的"咄咄怪事"！

对于阴阳家的批评，自以司马谈《论六家要指》所论为最精。他说："尝窃观阴阳之术，大祥而众忌多，使人拘而多畏。然其序四时之大顺，不可失也。……夫阴阳、四时、八位、十二度、二十四节，各有教令，顺之者昌，逆之者不死则亡，未必然也。故曰：使人拘而多畏。夫春生夏长，秋收冬藏，此天道之大经也。弗顺则无为天下纪纲，故曰：四时之大顺，不可失也。"

〔问题〕

(1) 何谓"阴阳"？

(2) 阴阳家的来源和派别怎样？

(3) 《汉书·艺文志》所载阴阳家有哪几家？

(4) 春秋时的阴阳家怎样？

(5) 邹衍的思想和他的治学方法怎样？有何著作？

(6) 《邹奭子》的内容和思想若何？

(7) 司马谈对于阴阳家的批评怎样？

四 法 家

"法"字历来都解作刑罚之义，然而法家的要旨，却在于怎样使刑罚之权不坠。古时礼、法并称，二者实相贯通。至管仲主以法治国，法始专就刑罚言。然由此可见法家本起于礼，正和学校之内，先有种种应守的规则，而后乃有赏罚的规则一样。礼不足治，而后有法；礼流而为法，所以礼家流为法家，荀卿的门人李斯、韩非皆流而为法家了。

尹文子以为："法有四呈：一曰不变之法，君臣、上下是也。二曰齐俗之法，能鄙（犹言能否）、同异是也，三曰治众之法，庆赏、刑罚是也。四曰平准之法，律、度、权、衡是也。"此四法，一为定名分之法，二为考核之法，三为赏罚之法，四为标准之法。至儒家所谓礼义之法，法家却不之言及。

陈柱分法家为五派：一为尚实派，主重实业，如李悝尽地力之教，商君重农战之法，管仲兴鱼盐之利都是。

二为尚法派，如商鞅是。三为尚术派，如申不害是。法与术的分别："术为主之所执，法为官之所司。"故法之作用在公开，术之作用在秘密。四为尚势派，如慎子是。慎子曾云："尧为匹夫，不能治三人；而桀为天子，能乱天下。……由此观之，贤知未足以服众，而势位足以诎贤。"五为大成派，如韩非集诸派之大成是。

法家的著作，据《汉书·艺文志》所列，在周、秦时有如下五家，为《李子》三十二篇，《商君》二十九篇，《申子》六篇，《慎子》四十二篇，《韩非子》五十五篇。其中《李子》原书已亡，《韩非子》全存，余三书都是残存。

李子名悝，相魏文侯，所著《李子》三十二篇，亡佚已久。《晋书》尝称："悝撰次诸国法，著《法经》，商君受之以相秦。"又云："悝以王者之政，莫急于盗贼，故其律始于盗贼，盗贼须劾捕，故著《网》、《捕》二篇。……"据此，可知悝又著有《法经》，其要主于捕盗贼。书凡六篇，其目略具于《唐律》。

商君名鞅，与申子并称"申、商"，由魏入秦，《史记》说他"说孝公，始以帝道而未悟，继以王道而仍未入，终说以霸道而善之"，于是变法修刑，内务耕织，外劝战死。然元气潜伤，百姓刍狗，究无补于治道。司马迁以其天资刻薄，讥其"惨礉少恩。"《商君书》又名《商子》，原二十九篇,今存二十四篇,为《更法》、《垦令》、《农战》、《去强》、《说民》、《算地》、《开塞》、《壹言》、《错法》、《战法》、《立本》、《兵守》、《靳令》、《修权》、《徕民》、《赏刑》、《画策》、《境内》、《弱民》、《外内》、《君臣》、《禁使》、《慎法》及《定法》。注解本以朱师辙《商君书解诂》最便观览。

申子名不害,京人。与商君并称"申、商";又与韩非并称"申、韩"。本为郑之贱臣,相韩昭侯,终其身诸侯不敢侵韩。其学主刑名,故循名以责实,尊君卑臣,崇上抑下。书凡六篇,已亡于南宋时。其篇目之可考者,为《三符》、《君臣》、《大体》三篇。马国翰有辑本,但搜辑犹未尽。王时润更有辑佚文。

慎子名到,赵人。《史记》称他:"学黄帝道德之术,发明序其指意,故著《十二论》。"《汉志》称他:"先申、韩,申、韩称之。"所以他是合道、法为一家的。所著书本为四十二篇,今存五篇,为《威德》、《因循》、《民杂》、《德立》及《君人》。然每篇只寥寥数行,亦已非原本之旧。

韩非为韩国的诸公子,与李斯同师荀卿。喜"刑名法术"之学,而归其本于黄、老。曾以书干韩王,王不用;乃观古来得失之变,作《孤愤》、《五蠹》、《内外储》等五十五篇,计十余万言。秦王见而悦之,急攻韩,得非。李斯自以为不如非,进谗于秦王,下吏,馈药使自杀。

非的学术,随时而变;先习儒家,继学黄、老,后乃堕入法家。在法家中,又集诸派之大成。他受实业派的影响,故主尚实;受商鞅的影响最深,故主尚法,而做了他学术的中坚;受申不害的影响,故主尚术;受慎子的影响,故主尚势。他对于法,重"严",重"必",重"一";"严"者严密,"必"者必行,"一"者统一。因为法必须严密,而后民始重视;法出必行,而后民知畏惧;又须统一公平,而后民才悦服。这样的法,实为当时"刑罚不中"、"令出不行"、"法律不公"时代的对症发药。

今本《韩非子》凡五十五篇,与《汉志》所称同。但第一篇《初见秦》,亦见《战国策》,乃是张仪说秦王的话,所以劝秦王攻韩,不知何故厕入此书。司马光不察,谓非欲覆宗国,则岂不与第二篇《存韩》自相矛盾?以此推之,其他各篇亦难定其必为原作。五十五篇之目,为《初见秦》、《存韩》、《难言》、《爱臣》、《主道》、《有度》、《二柄》、《扬权》、《八奸》、《十过》、《孤愤》、《说难》、《和氏》、《奸劫弑臣》、《亡征》、《三守》、《备内》、《南面》、《饬邪》、《解老》、《喻老》、《说林上》、《说林下》、《观行》、《安危》、《守道》、《用人》、《功名》、《大体》、《内储说上》、《内储说下》、《内储说左上》、《左下》、《内储说右上》、《右下》、《难一》、《难二》、《难三》、《难四》、《难势》、《问辩》、《问田》、《定法》、《说疑》、《诡使》、《六反》、《八说》、《八经》、《五蠹》、《显学》、《忠孝》、《人主》、《饬令》、《心度》、《制分》。注释本以王先慎《韩非子集解》最通行,然不很精审。

司马谈《论六家要指》,以为:"法家严而少恩,然其正君臣、上下之分,不可改矣。……法家不别亲疏,不殊贵贱,一断于法,则亲亲尊尊之恩绝矣。可以一时之计,而不可长用也,故曰严而少恩。若尊主卑臣,明分职不相逾越,虽百家弗能改也。"

〔问题〕

(1) 何谓"法家"?

(2) 法家的来源怎样?

(3) 法家有何派别?

(4) 《汉书·艺文志》所载法家有哪几家?

(5) 《李子》的内容怎样?

(6) 《商君书》的内容和思想怎样?

(7) 《申子》的内容和思想怎样?

(8) 《慎子》的内容和思想怎样?

(9) 《韩非子》的内容和思想怎样?

(10) 司马谈对于法家的批评怎样?

五 名 家

"名"字的本义,据《说文解字》,则是:"名,自命也,从口、夕。夕者冥也,冥不相见,故以口自名。"人既以名自别,引而申之,万物本无名,无所分别,不得不为之制名。名定而万物有别;循名以责实,而万物乃藉以不乱。《老子》所谓"无'名',天地之始;有'名',万物之母",孔子所谓"名不正,则言不顺",即属此意。

"名"的分类,各家不同。墨子分为"达名"、"类名"及"私名"三类。尹文子则分为"命物之名"、"毁誉之名"及"说谓之名"。这是广义的分法。荀卿以为"'刑名'从商,'爵名'从周,'文名'从礼,'散名'之加于万物则从诸夏之成俗曲期"。他的定义较前二者为专。《汉志》所称"名家者流,盖出于礼官"之"名",即荀子所谓"文名",仅属四名之一。然名家所致力的却在"散名"。"散名"散在人间,随俗而异,最易淆乱,故名家以术正之,与礼官所司无关。

名家在先本非独立成家,仅为各家的附庸。如管子、韩非以法谈名;荀子以儒家谈名;墨子以墨家谈名;尸子、吕子以杂家谈名。至惠施、公孙龙辈出,始特重于名,贯彻初终,成一家之言,乃始有所谓名家。自来追溯名家来源,或以为出于孔子所谓的"正名";或以为出于法家所言"名实";或以为出于"别墨";或以为出于道家"玄虚"的一派:这都因他们不明白名家本不独立而为诸家的附庸的缘故。我们如果一定要说出它的来源,那么道、法、儒、墨都是它的前身,决不能专指定某家某派。

《汉书·艺文志》列周、秦名家凡七,为《邓析》二篇,《尹文子》一篇,《公孙龙子》十四篇,《成公生》五篇,《惠子》一篇,《黄公》四篇及《毛公》九篇。此七家中,前三家今尚有存书,后四家书都已佚亡。但前三家中,《邓析》书可疑处甚多,《尹文子》则决为伪作,《公孙龙子》亦仅残存十之三四。所以名家的书,现在已无完全的原本可读。

邓析,郑人,与子产同时。刘向说他:"好刑名,操两可之说,设无穷之辞。"《淮南子》说他:"好辩而乱法。"所以后来为子产所杀。今本《邓析子》亦为二篇,与《汉志》同,篇目为《无厚》与《转辞》。其文节次不相属,似为掇拾之本。吕思勉疑系南北朝时人采掇周、秦古书,间窜己意而成。

尹文子,齐国人。《汉志》称他:"说齐宣王,先公孙龙。"刘向说他:"与宋钘俱游稷下。"他的主张,大半由道归于名、法,故亦可列入法家。他主"正名定分",所以把"名"

分做三种;以为"名"各有专,才可以定"分"。其书《汉志》称一篇,今本作《大道》上下二篇。罗膺中考证他原来就是一卷,本没有《大道》上下的分别。唐钺提出可疑之点十项,决定今本《尹文子》是伪书。

公孙龙字子秉,赵人。以"坚白"之辩鸣于时。初为平原君门客,平原君信其说而加以厚待。后齐国使者邹衍过赵,平原君以问衍,衍以为有"害大道",平原君遂黜去他。他又与魏国公子牟相友善,其说乃大行。公孙龙全部学说,可以"白马"、"指物"、"通变"、"坚白"四论包括它。"白马"、"指物"二论,离名实的连络;"通变论"离物质的连络;"坚白论"离智识的连络。换言之,他是用名学以破除世俗一切的常名,推翻世俗一切的常识。故庄子说他:"饰人之心,易人之意,能胜人之口,不能服人之心。"

《公孙龙子》原有十四篇,今存六篇,为《迹府》、《白马》、《指物》、《通变》、《坚白》及《名实》。姚际恒以其不载于《隋书·经籍志》,定今本为伪书。殊不知《隋志》道家有《守白论》,即为本书的别名。今本的六篇,除《迹府》篇外,都为龙所自著。注解的本子很多,大约以王琯《公孙龙子悬解》及金受申《公孙龙子释》为最精审。

惠施,宋国人,与庄子同时,曾相梁惠王。所著《惠子》今已佚，但其学说散见于《庄子》中很多。《天下篇》说："惠施多方，其书五车。"可见他著作的丰富。其学大抵以反人为要，所以庄子说他"其道舛驳，其言也不中。"惠施历物之意，可分为十事：一、至大无外，谓之大一；至小无内，谓之小一。二、无厚不可积也，其大千里。三、天与地卑，山与泽平。四、日方中方睨，物方生方死。五、大同而与小同异，此之谓小同异；万物毕同毕异，此之谓大同异。六、南方无穷而有穷。七、今日适越而昔来。八、连环可解也。九、我知天下之中央，燕之北，越之南，是也。十、泛爱万物，天地一体也。当时辩者之徒，与惠施相应者，可分为二十一事，为卵有毛；鸡三足；郢有天下；犬可以为羊；马有卵；丁子有尾；火不热；山出口；输不辗地；目不见；指不至，指不绝；龟长于蛇；矩不方，规不可以为圆；凿不围枘；飞鸟之影，未尝动也；镞矢之疾，而有不行不止之时；狗非犬；黄马骊牛三；白狗黑；孤驹未尝有母；一尺之捶，日取其半，万世不竭。把以上惠施十事及辩者之徒二十一事，合而观之，可以明白此派学说，确专与常识相反，而与公孙龙子为一派。

司马谈《论六家要指》，评论名家得失，很是中肯。他说："名家使人俭而善失真，然其正名实，不可不察也。……名家苛察缴绕，使人不得反其意，专于名而失人情,故曰:使人俭而善失真。若夫控名责实,参伍不失,此不可不察也。"

〔问题〕

(1) 何谓"名"?
(2) "名"分为哪几类?
(3) 名家的来源怎样?
(4) 《汉书·艺文志》所载名家有哪几家?
(5) 《邓析子》的内容和思想怎样?
(6) 《尹文子》的内容和思想怎样?
(7) 《公孙龙子》的内容和思想怎样?
(8) 《惠施》的思想怎样?
(9) 司马谈对于名家作何批评?

六 墨 家

"墨家"的"墨"字,并不是指姓,乃是指学派的名称。"墨"本训"黑",引申之为"瘠墨",为"绳墨",所以所谓"墨",乃是"垢面囚首"、"面目黎黑"的意思。因为墨家之学,出于夏禹,夏道尚质,禹尤以质著。孔子称禹:"菲饮食,恶衣服,卑宫室。"庄子称禹:"操橐耜,……

腓无胈,胫无毛,沐甚风,栉疾雨。"列子称:"禹身体偏枯,手足胼胝。"吕不韦称:"禹忧其黔首,颜色黎黑,窍藏不通,步不相过。"可见禹的为人,实尽俭苦之极。墨家巨子墨翟也以自苦为极,就是反对他的孟子也称他:"摩顶放踵,利天下为之。"所以说墨学出于夏禹,决非无故。今人胡怀琛以印度人目墨子,把墨家好处一笔抹杀,亦浅之乎视墨子了。

墨家之学,至墨子而大成。但周成、康时有史佚,著书二篇,《汉书·艺文志》亦列入墨家。可见墨家的起源,远在墨子前数百年。墨既为派名而非姓,何以墨家的墨翟可称墨子,而儒家的孔子不能称儒子,道家的老聃不能称道子呢?陈柱以为:"墨之始固为学术之名,墨子喜其学,因以为姓。故既得名学术为墨家,亦得称其人为墨子。"此说甚当。当墨子在时,墨学并不分派。墨子之后,才有派别可言。《庄子·天下篇》:"相里勤之弟子,五侯之徒;南方之墨者,苦获、己齿、邓陵子之属,俱诵《墨经》。"顾实以为苦获等既为南方的墨者,相里勤的弟子及五侯之徒与之对称,当为北方的墨者。由是言之,则当时墨家已分为南、北二派。但据《韩非子》,则云:"自墨子之死也,有相里氏之墨,有相夫氏之墨,有邓陵氏之墨,趋舍相反不同,而皆自谓真……墨。"据此,则当时之墨，又分为三派。俞樾以为今本《墨子》中《尚贤》、《尚同》、《兼爱》、《非攻》、《节用》、《节葬》等皆分为上中下三篇，字句小异，而大旨无殊，或即为此三派相传之本所合成。照这样看来，似以分为三派之说较确。墨学既以振世救弊为主，后来又变而为游侠一派。《韩非子》所谓"侠以武犯禁"，即指此派。故文字上的墨派虽今已消亡，而它在社会上的潜势力却永永不灭。

《汉书·艺文志》所收墨家所著书，计共六家，为《尹佚》二篇，《田俅子》三篇，《我子》一篇，《随巢子》六篇，《胡非子》三篇，《墨子》七十一篇。今前六家已佚，《墨子》亦为残存之书。但前六家中，除《我子》外，犹都有马国翰的辑本。

墨子名翟，姓墨氏。江瑔疑翟为其姓，而冠以所奉的学派，故曰墨翟，因当时确有与此类似的称谓。他是鲁国人，仕宋为大夫。其年较后于孔子。公输般为楚造云梯，将以攻宋。墨子在鲁闻之，行十日十夜至郢，劝其止攻。二人因在楚王前较技，公输般九攻而墨子九拒，卒不能胜，遂罢攻。有弟子禽滑釐等三百人，奔人之难，虽蹈火不辞。孙诒让以为："其学务不侈于后世，不靡于万物，不晖于数度，以绳墨自矫，而备世之急，作为《非乐》，命之曰《节用》，生不歌，死无服，泛爱、兼利而非斗，好学而博不异，又曰：《兼爱》、《尚贤》、《右鬼》、《非命》。以为儒者礼烦扰而不悦，厚葬靡财而贫民，久服伤生而害事。故背周道而用夏政。亦道尧、舜，又善守御，为世显学。"

《墨子》原为七十一篇，宋时亡八篇，为六十三篇。今仅存五十三篇，分为十五卷，其目为：《亲士》、《修身》、《所染》、《法仪》、《七患》、《辞过》、《三辩》（以上为第一卷）、《尚贤》（上、中、下）（以上为第二卷）、《尚同》（上、中、下）（以上为第三卷）、《兼爱》（上、中、下）（以上为第四卷）、《非攻》（上、中、下）（以上为第五卷）、《节用》（上、中）、《节葬》（下）（以上为第六卷）、《天志》（上、中、下）（以上为第七卷）、《明鬼》（下）、《非乐》（上）（以上为第八卷）、《非命》（上、中、下）、《非儒》（下）（以上为第九卷）、《经》（上、下）、《经说》（上、下）（以上为第十卷）、《大取》、《小取》、《耕柱》（以上为第十一卷）、《贵义》、《公孟》（以上为第十二卷）、《鲁问》、《公输》（以上为第十三卷）、《备城门》、《备高临》、《备梯》、《备水》、《备突》、《备穴》、《备蛾傅》（以上为第十四卷）、《迎敌祠》、《旗帜》、《号令》、《杂守》（以上为第十五卷）。其宗旨所在，见前三十余篇。自《经上》以下六篇，为"名家"言。《备城门》以下十一篇，为古"兵家"言。其注释本以孙诒让《墨子闲诂》为最精;其言名学一部分,可读胡适《小取篇新诂》(载《胡适文存》)及梁启超《墨经校释》。

司马谈《论六家要指》评墨家云:"墨家俭而难遵,是以其事不可徧循;然其强本节用,不可废也。……墨者亦尚尧、舜,道言其德行,曰:堂高三尺,土阶三等,茅茨不翦,采椽不刮,食土簋,啜土刑,粝粱之食,藜藿之羹,夏日葛衣,冬日鹿裘,其送死桐棺三寸,举音不尽其哀,教丧礼必以此为万民之率,使天下法。若此则尊卑无别也。夫势异时移,事业不同,故曰俭而难遵。要其强本节用,则家给人足之道也。"他以"俭而难遵"为墨家之短,其实正是墨家的特长。否则单讲"强本节用",又何贵有墨家?

〔问题〕

(1) 何谓"墨"?
(2) 墨家的来源怎样?
(3) 墨家有何派别?
(4) 《汉书·艺文志》所载墨家有哪几家?
(5) 《墨子》的内容和思想怎样?
(6) 司马谈对于墨家的批评怎样?

七 附——杂家及其他

"杂家"之学,正如《汉书·艺文志》所称,"兼儒、墨,合名、法",兼有各家所长。大概诸子的书,不能名为一家的,都可列于"杂家"。《汉书·艺文志》录杂家二十家,其书十九遗佚。今述《尸子》、《吕氏春秋》及《淮南子》三家,以见所称杂家的一斑。

尸子名佼,晋人,《汉志》误作鲁人。秦相商鞅的门客,《汉志》云:"商君师之。"可见他在门客中的地位颇高贵。商鞅被诛,佼乃逃亡入蜀。所著《尸子》本为二十篇,凡六万余言。刘向说他"非先王之法,不循孔氏之术";刘勰称他"兼总杂术,术通而文钝"。但其书在宋时已残阙。清时有辑本,凡三种。汪继培以三本参校,以《群书治要》所载为上卷,诸书称引与它相同的,分注于下;其不载《群书治要》,仅散见于诸书的为下卷;引用违误及各本误收的,别为《存疑》,附于后。其书最为流行。据辑本的内容而言,则十之七八皆儒家言,与刘向所说颇不合。

吕不韦,濮阳人。本为阳翟大贾。后来经商至赵,适秦庄襄王的庶子楚,质于赵国。他见了,说道:"奇货可居也。"于是娶邯郸妓,与之有孕,献之于楚。更为楚说动安国君与庄襄王后,立为太子。及庄襄王死,楚即位，不韦便以功封文信侯，食河南洛阳十万户。不韦既显贵，乃尽致天下的辩士，厚待他们，使人人各著所闻，集论以为《八览》、《六论》、《十二纪》，号为《吕氏春秋》。尝悬于咸阳市门，令有能更易一字者，赏万金，但终无人应。其书虽称"杂家"，然其中儒家言实最多。今人评他"纵谈政治，商榷道术，自成一家言"，故非其他杂家的书可比。《汉志》著录《吕氏春秋》二十六篇，与今本《十二纪》、《八览》、《六论》的总数相合。《十二纪》为《孟春》、《仲春》、《季春》、《孟夏》、《仲夏》、《季夏》、《孟秋》、《仲秋》、《季秋》、《孟冬》、《仲冬》及《季冬》。每纪又各分四目，共四十八目；《八览》为《有始》、《孝行》、《慎大》、《先识》、《审分》、《审应》、《离俗》及《恃君》。每览又各分七目，凡五十六目；《六论》为《开春》、《慎行》、《贵直》、《不苟》、《似顺》及《士容》。每论又分五目，凡三十目，更加上每篇的序言二十六段，所以共有一百六十目，因此亦称一百六十篇。

淮南王刘安，是汉高祖少子长的儿子。他为人好书，善鼓琴，不喜狗马。尝招致宾客方术之士数千人，作《内书》二十一篇，《外书》甚多。又有《中篇》八卷，言神仙黄白之术，亦二十余万言。安入朝时，献所作《内篇》，武帝爱而秘藏之。《汉书·艺文志》著录《淮南内》二十一篇,《淮南外》三十三篇;今《内书》尚存,《中篇》及《外书》均佚亡。二十一篇为:《原道》,《俶真》、《天文》、《墬形》、《时则》、《览冥》、《精神》、《本经》、《主术》、《缪称》、《齐俗》、《道应》、《泛论》、《诠言》、《兵略》、《说山》、《说林》、《人间》、《修务》、《泰族》及《要略》。原书亦名《鸿烈》,多记"古今治乱,存亡祸福,世间诡异瑰奇之事。"所以后世文家往往称引。文辞亦"奇丽宏放",扬雄以之与司马迁并称。注本的佳者,有刘文典的《淮南鸿烈集解》及刘家立的《淮南集证》,注者均为现代人。

杂家之外,《汉书·艺文志》所列,尚有纵横家、农家及小说家。纵横家《汉志》著录十二家,农家著录九家,小说家著录十五家,现在都已亡佚。但小说当列入文学,所以即有佚存,本讲内亦不叙述。《汉志》于《诸子略》外,又有《兵书略》、《术数略》及《方技略》,后世目录学家也都列为诸子之一。

兵书中较古的著作,有《孙子》及《吴子》。兵家所叙,大抵都是"生聚训练"之术,"权谋运用"之宜,和诸子异趣。《孙子》的作者为孙武,他是战国时齐人。《史记》称他:"以《兵法》见于阖庐。阖庐曰:'子之十三篇,吾尽观之矣。'"《汉志》著录八十二篇,今本仅存十三篇。注本极多,自曹操以下,约近二十家。《吴子》的作者为吴起，他是战国时卫人，尝学于曾子，事魏文侯为将。又奔楚，为楚悼王相，后被杀。《汉志》著录四十八篇，今本仅六篇，亦作三卷。

　　术数及方技的书，一近迷信，一为专科之学。吾们对于诸子学既不作专门的研究，所以不为叙述了。

〔问题〕

(1) 何谓"杂家"？

(2) 《尸子》的内容和思想怎样？

(3) 《吕氏春秋》的内容和思想怎样？

(4) 《淮南子》的内容和思想怎样？

(5) 本讲内何以不叙小说家？

(6) 兵家所讲的是什么？

(7) 《孙子》的内容怎样？

(8) 《吴子》的内容怎样？

第四讲

史 学

第一章 总 论

一 史的定义

史是什么？这是研究史学的人所必须知道的。就"史"字本来的意义讲，《说文解字》说："史，记事者也。从又，持中；中，正也。"《玉篇》则云："史，掌书之官也。"《周礼》也说："史，掌官书以赞治。"前一说以史为一种书籍的名称；后二说以史为专掌官书的职名。从这三种解释里，我们可以知道，所谓史，第一，须"中正不阿"；第二，须"有补治道"。一是指史的本质，一是指史的功用；二者合并以观，便可窥见古人对于史的观念。

但是史为什么是一种官名呢？因为古代一切学术，皆掌于官，民间不得私相传授；其用意在避免歧义，遏止乱源。史既为学术之一，自然立官以掌，而成为一种官名了。

古代称"史官"叫"史"，而称"史书"则叫"坟"，如"三坟"。为三皇之史——"典"，如"五典"。为五帝之书——

"书"，如《尚书》及"春秋"。"史书"称"史"，大约始于司马迁的《史记》。但《汉书·艺文志》称《史记》为《太史公书》；可见《史记》之名，是否出于作者，尚属疑问。其后或称"纪"，或称"志"，或称"略"，颇不一致。

在未述正确的定义之前，我们来谈谈史的目的所在。刘知幾以为史的目的，在于"达道义，彰法式，通古今，著功勋，表贤能，叙沿革，明罪恶，旌怪异"。史的目的既是这样，所以梁启超说："'史'者何？记述人类社会赓续活动之体相，校其总成绩，求得其因果关系，以为现代一般人活动之资鉴者也。"吴贯因说："何谓之'史'？记载人类能发生影响之种种言动，俾得以播诸当时，传诸后世。"李守常说："史学是研究人生及其产物的文化的学问。"这三种说法，字面上虽互有歧异，而实际的意义却并无不协。

〔问题〕

(1) 史的本义是什么？

(2) 史的目的何在？

(3) 历来称史书的异名有哪几种？

二　史的分类

史的来源，虽然很古，但在晋以前，史学还没有被视为独立的学科。刘歆《七略》及《汉书·艺文志》把《世本》、《战国策》、《史记》一类的书,附入《六艺略·春秋》的后面,虽将史的地位列得很高,但不免令人视史仅为经的附庸。晋荀勖撰《中经簿》,分古今书籍为甲、乙、丙、丁四部,列史为丙部,史学始见独立。李充则以《史记》一类为乙部,沿用至今。宋王俭《七志》又将《史记》、杂传并入《经典志》,恢复了《七略》之旧。梁阮孝绪《七录》,重把它们分为《经典》、《纪传》二录。自是以后,史部便不复再与它部并合了。

　　史的分类,人各不同。现在所见较古的著录,仅存《七录》。它的《纪传录》分史为十二类,为国史、注历、旧事、职官、仪典、法制、伪史、杂传、鬼神、土地、谱状及簿录。但这种分法,后代沿用的可说没有。自《隋书·经籍志》出,分史为十三门,始成为史目权威。十三门为正史、古史、杂史、霸史、起居注、旧事、职官、仪注、刑法、杂传、地理、谱系及簿录。《唐书·经籍志》及《新唐书·艺文志》即沿用它,仅改古史为编年,霸史为伪史,旧事为故事,谱系为谱牒,簿录为目录,而内容尽同。至《宋史·艺文志》虽亦分十三类,但其目已微有增损,如入起居注于编年,改杂传为传记,伪史仍称霸史,无杂史,而另增别史与史钞。《明史·艺文志》则合并节省为十类,如并编年入正史,而无霸史及目录二门。清代修《四库全书》,于史目尤多推广,兹详列其目,每类各举书名若干,及其著录部数,以见当时分类的用意,和所存史书的数量。

正史类。所录为《史记》、《汉书》、《三国志》等二十四史,并于每史后附录注释、补表、补遗、辨误、纠缪一类的书,凡三十七部。

编年类。所录为《竹书纪年》、《汉纪》、《资治通鉴》、《靖康要录》等三十八部。

纪事本末类。所录为《通鉴纪事本末》、《蜀鉴》、《平定金川方略》、《绎史》、《滇考》等十九部。

别史类。所录为《逸周书》、《东观汉纪》、《路史》、《契丹国志》等二十部。

杂史类。所录为《国语》、《战国策》、《渚宫旧事》、《松漠纪闻》等二十二部。

诏令奏议类。所录为《太祖高皇帝圣训》、《唐大诏令》、《包孝肃奏议》、《名人经济录》等四十一部。

传记类。所录为《孔子编年》、《晏子春秋》、《朱子年谱》、《古列女传》、《明儒学案》、《吴船录》、《入蜀记》等凡六十部。

史钞类。所录为《两汉博闻》、《南史识小录》、《北史识小录》等四部。

载记类。所录为《吴越春秋》、《华阳国志》、《南唐书》、《安南志略》等二十二部。

时令类。所录仅《岁时广记》及《月令辑要》二种。

地理类。所录为《三辅黄图》、《明一统志》、《新安志》、《水经注》、《洛阳伽蓝记》、《荆楚岁时记》、《大唐西域记》等一百四十四部。

职官类。所录为《翰林志》、《玉堂杂记》、《词林典故》、《官箴》等二十一部。

政书类。所录为《通典》、《唐会要》、《文献通考》、《大唐开元礼》、《荒政丛书》、《历代兵志》、《唐律疏义》、《营造法式》等五十六部。

目录类。所录为《崇文总目》、《子略》、《汉艺文志考证》、《集古录》、《兰亭考》等四十七部。

史评类。所录为《史通》、《三国杂事》、《史纠》、《御批通鉴纲目》等二十二部。

至于史学家的分类，则与目录学家微有不同。刘知幾分史家为六：一为《尚书》家，二为《春秋》家，三为《左传》家，四为《国语》家，五为《史记》家，六为《汉书》家。他又以为"《尚书》等四家，其体久废；所可祖述者唯《左氏》及《汉书》二家而已"。因为《左传》为编年史，《汉书》为断代史，后人祖用的最多，所以他特别推重，称为"正史"。

其他为"杂记",凡分十流:为偏记、小录、逸事、琐言、郡史、家史、别传、杂记、地理书及都邑簿。梁启超在他的《中国历史研究法》里,论过去的中国史学界,独于纪传、编年、纪事本末、政书四体,详述其进化轨迹,加以评骘;又把其他各体,分为"供后人著史之原料者"及"制成局部的史籍者"二大类。这种分法,最为合理而又最简要。故本书所述,即以纪传、编年、纪事本末、政书四体为主,而把其他省去;惟将史评著为附录,列于四体之后。

〔问题〕

(1) 史部独立始于何时?

(2) 《七录》分史为哪几类?

(3) 《隋书·经籍志》分史为哪几类?

(4) 《宋史·艺文志》分史为哪几类?

(5) 《明史·艺文志》分史为哪几类?

(6) 《四库全书》分史为哪几类?所收为哪样的书籍?

(7) 《史通》分史为哪几家?

(8) 梁启超对于史的分类怎样?

三　史学的沿革

古代"结绳"以纪事,为中国有历史的开始。及黄帝立史官，命仓颉为左史，沮诵为右史，左史记言，右史记事，于是始有记载之史。周代则有太史、小史、内史、外史、御史等五官。春秋时，各国都有史官：鲁有太史，齐有南史，楚有左史，晋有太史及左史，卫有太史，虽职名不一，而所掌则皆为史事。孔子取三代史官所记，删为《尚书》，又依鲁史记作《春秋》；一属记言，一属记事，为中国古代史学上二大巨著。时又有左丘的《国语》，所记不以一国为中心，而又涉及全社会各方面；又有《世本》一书，不知作者，为《史记》的蓝本，所记除《帝系》、《世家》、《传》外，尚有所谓《谱》、《氏姓篇》、《居篇》、《作篇》等类，近于近代所谓文化史的性质。这两书亦被推为史学界最初有组织的名著。

秦代以后，史职久虚。至汉武帝时，始以司马谈为太史公，位在丞相之上。谈尝据《左传》、《国语》、《世本》、《战国策》、《楚汉春秋》，接以后事，成一家之言，未成而死；他的儿子迁继为太史令，续成其志，就成空前的名著《史记》。前汉以后，王莽有柱下史；东汉有兰台令史；后又移图籍于东观，遂为史臣聚集之处。东汉班固虽尝为兰台令史，但他的著《汉书》，却并非以史官资格，所以他曾因此下狱。《汉书》今虽与《史记》并列为二十四史之一，而体例不同，盖一为断代史而一属通史。他因此大受郑樵的讥诋。

古代惟史官能作史,故孔子亦仅删订《尚书》,笔削《春秋》,而非创作。私家作史,实始班固。汉代革世官之制,学术可由私家传授,前此史官专有的智识,渐为社会所公有。又因文化工具的日新,史料容易搜集,故自班固以后,私家作史,靡然成风。三国时,吴中即以专产史家著名。如谢承、韦昭、薛莹、袁晔、张温等,都被称为史才。韦昭曾著《吴书》五十五卷和《洞纪》三卷;《洞纪》是记庖牺以至建安二十五年事,可见已是一部先于《通鉴》、《通志》的创作。

两晋及南北朝的文化,迭遭外族的摧残,但治史之盛,却卓越前代。晋代名著,有陈寿的《三国志》、司马彪的《续汉书》与袁宏的《后汉纪》。他若陆机、束皙、王隐父子等,亦均有编著。宋代则有范晔的《后汉书》、裴松之的《补注三国志》、何法盛的《晋中兴书》与孙冲之的《国史》等。齐则有臧荣绪的《晋书》、江淹的《十志》及沈约的《宋书》等。梁则有萧子显的《齐书》、吴均的《齐史》与何之元的《梁典》等。北魏有崔鸿的《十六国春秋》。北齐有魏收的《魏书》。北周有史家柳虬。隋开皇初,文帝勅正《魏书》,至炀帝又令群臣别撰。又诏修《齐史》。

今存诸史,唐代以前,皆为私撰而成于一人之手;唐代以后,史皆官撰而成于多人之手。唐太宗一方命史臣别修《晋书》，一方又勅姚思廉撰《梁书》及《陈书》，李百药撰《北齐书》，令狐德棻撰《周书》，魏徵等撰《隋书》，皆大开史局，广置人员，而以上述五人主其事。但私家所撰，尚有李延寿的《南史》与《北史》。又有史学家刘知幾，著《史通》一书，为吾国历史学的名著。其后有杜佑，考历代的典章，成《通典》二百卷。五代晋时，刘昫因韦述旧作，增损以成《唐书》。至宋时，命欧阳修等重为编修，撰《新唐书》。又修因薛居正的《旧五代史》繁猥失实，重加修定，名曰《新五代史》。及宋中叶，司马光荟萃前史，分年排比，以十九年之力，成《资治通鉴》二百九十四卷，为编年的巨著。其后袁枢依据此书，以事为纲，成《通鉴纪事本末》一书，特创一新史体。更有大史家郑樵，博览古籍，多所发明，著《通志》二百卷，尤多创见。元代史学，有马端临著《文献通考》，后人合《通典》、《通志》，号为"三通"。又有托克托等修《宋》、《辽》、《金》三史。明初官修《元史》，虽由宋濂、王祎主其事，然仓猝撰成，最为草略。到明末时，私人撰史又渐多。

清代因种族的禁忌，学者对于史学都不敢轻于创作；所以清代史学，却以用力于整理、考订、辑佚、纂集著名。如《战国纪年》、《左传纪事本末》等，均为整理旧史之作。考订的书，如《十七史商榷》、《廿二史札记》、《廿二史考异》，群推精审。因辑佚而得见大凡的，以《世本》及《竹书纪年》二史为最著。纂集的最有价值的书，为图表一类，如《历代史表》、《历代纪元编》、《历代沿革图》、《历代地理志韵编今释》、《历代疆域图》、《史姓韵编》等，都给与研究史学者以不少的便利。新史的创作，有马骕的《绎史》，自成一体。张廷玉等所撰的《明史》，则依王鸿绪《明史稿》剪裁而成，被推为二十四史中最精详的一部。更有黄宗羲的《明儒学案》，及全祖望续成的《宋元学案》，实为学术史的创始。它如《皇朝三通》、《会典》、《东华录》一类，尤为研究清史所必需的资料。史学家有章学诚，所著的《文史通义》，对史学尤多特别创见。

〔问题〕

(1)《春秋》和《尚书》有何不同？

(2)《世本》的内容若何？

(3) 西汉于何时始置史官？有何名著？

(4) 私家作史始于何人？

(5) 断代史始于何书？

(6) 三国时著名史家有哪几人？

(7) 两晋南北朝的史学怎样？

(8) 唐宋元明四代的史学怎样？

(9) 清人的史学怎样？

第二章 各 论

一 纪传上

纪传体的史,自《隋书·经籍志》称为正史,与编年体的古史并立,历代以来,相因不废。但刘知幾却并举纪传、编年为正史。晁公武以为:"'编年'、'纪传',各有所长,未易以优劣论,……而人皆以'纪传'便于披阅,独行于世,号为'正史'"。殊属不当。章学诚亦云:"'编年'之书,出于《春秋》,本'正史'也;乃班、马之学盛,而史志著录,皆不以'编年'为'正史',……于义实为不安。"所以本书沿用"纪传"旧称,而不取"正史"名目。

在唐代以前,最通行的纪传体史,为司马迁的《史记》、班固的《汉书》、范晔的《后汉书》三种,其次为陈寿的《三国志》,就是所谓"四史"。自唐以后,史目递见增加,遂有所谓"十史"、"十三史"、"十七史"、"十八史"、"二十一史"、"二十二史"、"二十三史"及"二十四史"等许多名目。唐代初年，以《三国志》、《晋书》、《宋书》、《南齐书》、《梁书》、《陈书》、《魏书》、《北齐书》、《周书》及《隋书》为"十史"。唐代中叶，复加《史记》、《汉书》、《后汉书》三史，称为"十三史"。到了宋代，补入《南史》、《北史》二书；又改刘昫的《唐书》为《新唐书》，改薛居正的《旧五代史》为《新五代史》，成为"十七史"。元代则加《宋史》，为"十八史"。明人更加入《辽》、《金》、《元》三史，成为"二十一史"。清代复加入《明史》，称为"二十二史"。乾隆时，下诏令增刘昫的《唐书》为"二十三史"。其后更从《永乐大典》中辑出薛居正的《五代史》，与《五代史记》并存，是为"二十四史"。自是以后，正史遂永定为纪传体史之专名，而正史的名目，亦为这二十四部纪传体史所专有了。

这二十四部史书虽同为纪传体，然有一大不同之处，就是《史记》为通史体裁，《汉书》以下二十三史为断代史体。而且《史记》为纪传体的创始者，其他诸史虽例目有异，总不能超越《史记》的范围。《史记》用本纪以序帝王，用世家以记侯国，用十表以系时事，用八书以详制度，用列传以志人物。其他诸史，帝王称纪，人士称传，可称都是一样。《晋书》改称世家为载记，《宋史》

仍称世家，《辽史》则称外纪；他史均无此目。表则《后汉书》、《三国志》、《宋书》、《南齐书》、《梁书》、《陈书》、《魏书》、《北齐书》、《周书》、《隋书》、《南史》、《北史》及《五代史》都没有；《五代史记》易称为年谱。诸史大都皆有志，惟名称不一，《史记》本称书，《五代史记》另立考，其余诸史皆称志，没有的仅有《三国志》、《南史》、《北史》三书。

《史记》的作者为司马迁。他字子长，龙门人，是太史公司马谈的儿子。《史记》，相传是他继承父志而作。他曾循行天下，周览四海名山大川，然后吐而为书，故文章疏宕有奇气。他又因白李陵之冤而遭腐刑，下蚕室，于狱中完成此书，故书中多慨愤意气之语。全书的内容，他在《自序》里说："略推三代，录秦、汉，上记轩辕，下至于兹，著十二本纪。既科条之矣，并时异世，年差不明，作十表。礼乐损益，律数改易，兵权、山川、鬼神、天人之际，承敝变通，作八书。二十八宿环北辰，三十辐共一毂，运行无穷，辅弼股肱之臣配焉，忠信行道，以奉主上，作三十世家。扶义俶傥，不令己失时，立功名于天下，作七十列传。凡百三十篇，五十二万六千五百字。"但其中十篇，《景帝本纪》、《武帝本纪》、《礼书》、《乐书》、《律书》、《汉兴以来将相年表》、《日者列传》、《三王世家》、《龟策列传》、《傅靳列传》,相传有录无书,在元帝、成帝时,褚少孙为之补入。刘知幾则以为十篇有缺佚而非全亡,褚少孙仅为之补缀成稿,其中仍多司马迁手笔。注者颇多,以宋裴骃的《集解》、唐司马贞的《索隐》、张守节的《正义》为最著。宋刻并三家为一本,尤见通行。

《汉书》为东汉时元武司马班固,续其父彪之志而作。固字孟坚,九岁能为文,长而博贯载籍。明帝以为郎,典校秘书。窦宪征匈奴兵败,固为中护军,被累入狱,瘐死。《汉书》凡一百卷,中含十二本纪,八年表,十志及七十列传。起于高祖之世,终于王莽之诛,以二百三十九年之事,纳于八十余万字之中。相传固著《汉书》,即瘐死,致此书颇见散乱。章帝时,下诏令固妹昭就东观中校辑,续成其书。所以《汉书》中八表及《天文志》几篇,都是班昭所补。是书为断代史的第一部,郑樵斥为浮华剽窃,而刘知幾又誉为精练赅密;价值高下,殊难断定。今本作一百二十卷,因其中有若干篇析为子卷,如《五行志》分为五卷,其他或分上下二卷,或分上中下三卷的缘故。唐颜师古为之注,清王先谦更为之补注,最通行于世。

《后汉书》的作者,为南朝宋宣城太守范晔。他字蔚宗,能文善书,晓音律。初为尚书郎,左迁宣城太守,不得志,乃作《后汉书》。累迁太子左卫将军,益不满,卒与孔熙先谋反被诛。《后汉书》系删取刘珍《东观记》及谢承、薛莹、司马彪、刘义、华峤、谢沉、袁山诸家的《后汉书》而成。其书仅有十帝纪、八十列传,凡九十卷。以较前史,缺年表及书志两种。今本作一百二十卷,也因其中有若干篇分为子卷之故。唐高宗时,令章怀太子贤与刘讷言、格希元作注,现在的通行本即为此本。

《三国志》的作者为晋人陈寿。他字承祚,少好学,师事谯周。仕蜀为观阁令史;入晋,除著作郎,巴西中正。所著《三国志》以魏为正统,颇为后代迂阔的儒家所讥。其书凡六十五卷:《魏志》三十卷,分四纪,二十六列传;《蜀志》十五卷,为十五列传;《吴志》二十卷,为二十列传。书中无年表与书志,与《后汉书》同。到了南北朝时,宋文帝嫌其太略,便命国子博士裴松之为之补注。松之乃博采众说,分入各传中,所引的书,多至五十余种。其有讹谬乖违的地方,则出己意以辨正它。材料的丰富,竟超过原书几倍之多。

〔问题〕

(1) 何谓正史?

(2) 正史目递进的情形怎样?

(3)《史记》与《汉书》有何不同?

(4) 正史的体裁都仿何书?

(5) 正史的体制若何?

(6)《史记》的作者为谁?内容若何?

(7)《汉书》的作者为谁?内容若何?

(8)《后汉书》的作者为谁?内容若何?

(9)《三国志》的作者为谁?内容若何?

二 纪传中

《晋书》的作者,在唐以前,有何法盛等十八家。唐太宗以为都不完善,遂于贞观中下诏命房乔与褚遂良、许敬宗等再加撰次。诸人乃据臧荣绪的旧书,加以增损。其后,又命李淳风、李义府、李延寿等十三人,分掌各种著述;敬播等四人,考正类例。参预其事的共二十一人。是为史书众修的开始。全书有帝纪十,志二十,列传七十及载记三十,凡一百三十卷。总计西晋共四帝,凡五十四年;东晋共十一帝,凡一百〇二年。又以胡、羯、氐、羌、鲜卑等五族,割据中原,分为五凉、四燕、三秦、二赵与夏、蜀等十六国。它的体例,较前史少年表而多载记一门。今通行本附有唐何超《音义》。

《宋书》为梁文学家沈约所撰。南齐武帝永明元年,约奉诏修撰此书,至次年二月,全书告成。此书的材料,均取徐爰旧作。惟徐作起于晋义熙之初,迄于宋武帝大明之末;永光以后至亡国时十余年中之事,都为沈约所补。全书有本纪十,志三十,列传六十,凡一百卷。据《梁书·沈约传》,则当有表,但今本中没有,想已散佚。

《南齐书》的作者为梁人萧子显。原书《梁史》及《南史·萧子显本传》均称有六十卷,今仅存五十九卷,为纪八,志十一,列传四十。北宋时刻本尚载有《进书表》,今本亦佚去。又,今本《文学传》无叙,《州郡志》及《桂阳王传》均有阙文,实非完善之本。

《梁书》共五十六卷,凡分本纪六,列传五十。唐贞观三年,姚思廉奉诏与魏徵同撰。《史通》则谓"姚察有志撰勒,施功未周;其子思廉,凭其旧稿,加以新录,述为《梁书》五十六卷"。故今本二十六卷之后,均题有"陈吏部尚书姚察"字样。《梁书》前此已有沈约、周兴嗣、鲍行、谢昊等相承撰录,但均佚亡于梁亡之际。思廉撰此书,历时在七载以上,用力可称勤且笃了。

《陈书》的作者,亦为姚思廉。在姚书以前,有顾野王、傅𬤊、陆琼均作《陈书》。姚察就诸书加以删改,未成而死。思廉时为著作郎，适奉诏撰《梁》、《陈》二史，于是依据他父亲的旧稿，复加入新材料，始告成功。全书共三十六卷，计本纪六，列传三十。其二三两卷后，亦题"陈吏部尚书姚察"字样，知为察的原稿。其余大概都出于思廉之手。

《魏书》为北齐时尚书右仆射魏收所撰。全书原有本纪十二，志十，列传九十二，凡一百十四卷。至宋时，其中有二十九篇，亡佚不全。今本分为一百三十卷，为宋人刘恕、范祖禹等所校定。在魏收以前，魏史官崔浩、邓渊、高允等已作编年书，但都不传。其后李彪、崔光、邢峦、崔鸿、王遵业续有所作。收奉诏修《魏书》，乃博访百家的《谱状》，搜采朝野间的遗闻轶事，故包举甚广。但此书党齐毁魏，论述颇多不平，向有"秽史"之目。

《北齐书》为唐太子通事舍人李百药所撰，凡本纪八，列传四十二，共五十卷。百药父德林，在北齐的时候，尝著述纪传。及唐太宗下诏令群臣分修诸史，百药乃续父志，辑成此书。书的体制，略仿范晔的《后汉书》，如卷后《论赞》，句极整齐，与范书很相像。但此书自北宋以后，日见散佚。现在的通行本，其缺失已经后人取《北史》补足，不是李书之旧了。

《周书》为唐国子祭酒令狐德棻所撰。唐太宗贞观中，分修《梁》、《陈》、《齐》、《周》、《隋》五史，其议即发自德棻。德棻却专领《周书》，与岑文本、崔仁师、陈叔达、唐俭诸人同修。全书共五十卷，凡本纪八，列传四十二。北宋时尚有全本。今本多残阙，亦已经后人取《北史》补缀。

《隋书》亦为唐代官修史的一种。唐贞观三年，下诏命魏徵等修《隋史》，历七年，成本纪、列传凡五十五卷。至其书志，则由长孙无忌续撰。《史通》则称："撰纪传者，为颜师古、孔颖达，撰志者，为于志宁、李淳风、韦安仁、李延寿、令狐德棻。"此外尚有许敬宗同修纪传，敬播同修志之说。书中亦间有题"褚遂良撰"的。可见参修是书的人很多。全书共八十五卷，凡本纪五，列传五十，志三十。其中经籍一志，在目录学上有极大的权威。

《南史》与《北史》，均为唐崇文馆学士李延寿所撰。《南史》共八十卷，分本纪十，列传七十；自刘宋起，尽陈代为止，凡一百七十年。《北史》共一百卷，分本纪十二，列传八十八；自北魏起，尽隋代为止，凡二百四十二年。二书《南史》先成，尝纠正于令狐德棻；其有乖误缺失之处，都经德棻的改定。然作者心力，似专致于《北史》；故《南史》多因仍四史旧文，而《北史》则叙事详密，首尾典赡。

〔问题〕

(1)《晋书》的作者为谁？内容怎样？

(2)《宋书》的作者为谁？内容怎样？

(3)《南齐书》的作者为谁？内容怎样？

(4)《梁书》的作者为谁？内容怎样？

(5)《陈书》的作者为谁？内容怎样？

(6)《魏书》的作者为谁？内容怎样？

(7)《北齐书》的作者为谁？内容怎样？

(8)《周书》的作者为谁？内容怎样？

(9)《隋书》的作者为谁？内容怎样？

(10)《南史》与《北史》的作者为谁？内容怎样？

三 纪传下

《唐书》为五代后晋时刘昫、张昭远等奉勅所撰。全书凡二百卷，计帝纪二十，志三十，列传一百五十，约一百九十万言。自宋欧阳修等撰《新唐书》，此书便废而不用。然其本流传人间，历世不绝。或因欲别于《新唐书》，故称为《旧唐书》，实则不通之至。至清乾隆时，始取以与《新唐书》并列于二十四史中，成为正史之一。《唐书》之作，实始于令狐德棻。他撰有武德、贞观两朝的《国史》

八十卷。至吴兢撰《唐史》,则自开国至开元,凡一百十卷。其后韦述又就吴作笔削,成一百十二卷。自后史官于休烈、令狐峘等加以增辑,成《唐书》一百三十卷。刘昫所作,即用此书为蓝本。

《新唐书》为北宋时欧阳修、宋祁等奉勅所撰,而监修的人为曾公亮。书中列传,皆题祁名。本纪、表志,皆题修名。《宰相世系表》的作者,《宋史》以为吕夏卿,今亦题修名。与《旧唐书》的不同处,在于"事增于前,文省于旧"。全书凡二百二十五卷,计本纪十,志五十,表十五,列传一百五十;约一百七十万言。

《五代史》为北宋时薛居正奉勅所撰。全书凡一百五十卷,计本纪六十一,志十二,列传七十七,无年表。当时共与其事的,有卢多逊、扈蒙、张澹、李昉、刘兼、李穆、李九龄等;而居正实为监修。自欧阳修《五代史记》出,学者乃不专治此书。及金章宗下诏只准用《五代史记》,此书遂见废弃。历元、明至清,书渐湮没,乾隆时,令诸臣就《永乐大典》各韵中辑出,为之排纂,尚得十之八九;又考核宋人书中所引,加以摘录,遂得依照原本卷数,勒成一编。今本称《旧五代史》,盖欲别于欧阳修《五代史记》称《新五代史》的缘故。

《新五代史》是《五代史记》的异名,为北宋时欧阳修所私撰。修在世时，珍藏于家；及修死，始诏取其书，付国子监刻印。书的体制，和他史微有不同。全书凡七十四卷，计有本纪十二，家人传八，梁臣传三，唐臣传五，晋、汉、周臣传各一，死节、死事、一行传各一，唐六臣传一，义儿、伶官、宦官传各一，杂传十九，司天考二，职方考一，世家十；又十国年谱一，四夷录三。今通行本有注，为徐无党所作。

《宋史》为元代中书右丞相脱脱，亦称托克托等所撰。全书共四百九十六卷，为本纪四十七卷，志一百六十二卷，表三十二卷，列传、世家二百五十五卷。实际执笔者为欧阳圭齐、虞集、揭傒斯诸人；而脱脱、阿鲁图等仅为总裁监修。是书为自来诸史中篇幅最巨之作，然行文浅薄，叙事繁猥，与他史相比，真有霄壤的分别。

《辽史》的撰人亦为脱脱。全书凡一百十五卷，计本纪三十卷，志三十一卷，表八卷，列传四十六卷；末又附国语解一卷，合之共一百十六卷。辽时书禁甚严，国人著述如流入邻境，竟至死罪，故一经亡国，典章便澌灭无遗。当时所据，只有耶律俨及陈大任二家的书；且草草成功于一年之中，无暇旁搜博采，以致很多疏略。所附国语解体例殊善，惜多讹舛。自清乾隆时与《金》、《元》二史的国语解均重为改译，于是始不失其真。

《金史》亦称脱脱撰。全书凡一百三十五卷,计本纪十九卷,志三十九卷,表四卷,列传七十三卷。末附金国语解一卷,乃清乾隆时所补。是卷多取材于刘祁的《归潜志》及元好问的《壬辰杂志》,故在同称为脱脱撰的三史中,号为最良。

《元史》为明初翰林学士亚中大夫宋濂等所撰。全书凡二百十卷,计本纪四十七卷,志五十三卷,表六卷,列传九十七卷。明洪武二年,得《元十三朝实录》一稿,便下诏修《元史》,以宋濂及王祎为总裁。自二月开局,八月而书成。但尚缺顺帝一朝,乃命欧阳佑等往北平采集遗事。明年二月,重开史局,阅六月而全书告成。书出后,即纷纷窃议;太祖更命解缙改修,竟未成功。

《明史》为清保和殿大学士张廷玉等奉勅所撰。全书凡三百三十二卷,计本纪二十四卷,志七十五卷,表十三卷,列传二百二十卷。又附目录四卷,共三百三十六卷。清康熙十七年,用"博学宏词"诸臣,分别纂修《明史》,以张玉书、叶方蔼二人总裁其事。继又以汤斌、徐乾学、王鸿绪、陈廷敬、张英等诸人,先后为总裁官。当时纂修者,都是博学能文、论古有识之士。其后张玉书任撰志书和年表,陈廷敬任撰本纪,王鸿绪任撰列传。康熙五十三年,鸿绪的列传稿成,但他人的稿均未成就。鸿绪又加纂辑,至雍正元年始脱稿,表上之。雍正复命张廷玉为总裁,就鸿绪的原本,选词臣再加订正。直至乾隆初年,始得正式进呈。综计前后,历时六十年之久,才告成功。所以《明史》在二十四史中以完善见称,并不是偶然的事。

二十四史非成于一人,亦非成于一时,故体例殊多不同。其中志、表二类,或有或无,尤不一律。后人就其所缺,为之补作,这种成就亦很可观。较为著名的有宋钱文子《补汉兵志》五卷;熊方《补后汉书年表》十卷;清钱大昭《后汉书补表》八卷;侯康《补后汉书艺文志》四卷,《补三国艺文志》四卷;洪齮孙《三国职官表》三卷,《补梁疆域志》四卷;洪亮吉《三国疆域志》二卷,《东晋疆域志》四卷,《十六国疆域志》十六卷;钱仪吉《补晋兵志》一卷;丁国钧《补晋书艺文志》四卷;郝懿行《补宋书刑法志》一卷,《食货志》一卷;周嘉猷《南北史表》六卷;倪璠《补辽金元三史艺文志》不分卷;钱大昕《元史氏族表》三卷,《补元史艺文志》四卷。诸书或刊入丛书,或刊入作者全集,湖北官书局虽有《史学丛书》之刻,但所收不很完善。如有人能择精去芜,都为一集,附刊于二十四史正本之后,那更于学者有益了。

〔问题〕

(1)《唐书》的作者为谁？内容怎样？

(2)《新唐书》的作者为谁？内容怎样？

(3)《五代史》的作者为谁？内容怎样？

(4)《五代史记》的作者为谁？内容怎样？

(5)《宋史》的作者为谁？内容怎样？

(6)《辽史》的作者为谁？内容怎样？

(7)《金史》的作者为谁？内容怎样？

(8)《元史》的作者为谁？内容怎样？

(9)《明史》著作的经过和它的内容怎样？

(10) 增补二十四史所缺志、表的书有哪几种？

四 编年

编年与纪传的分别，焦竑以为"'编年'者，以事系年，详一国之治体，盖本左氏。'纪传'者，以人系事，详一人之事迹，盖本史迁"。编年又称古史，盖欲别于纪传的又称为正史。但刘知幾以为编年、纪传都是正史，其说甚正；且古史的名称，亦太广泛，故本书用编年的名字，而不称为古史。

编年为最古的史体，初时的文句大抵极简，如晋人从汲冢所得的《竹书纪年》，可为其代表。书为战国时魏史官所记，起自夏禹，惜原书今复散佚，不能看到它的真相。现存最古的编年史，当推《春秋》。《春秋》乃孔子依据鲁史而作，古代史官所用的体裁怎样，可以从此书中窥见一斑。书中文句极其简短，每条最长不过四十余字，最短仅一字；每条纪事，又不相联属，故梁启超称为"账簿式的旧编年体"。

较有组织而内容丰富的新编年体，前人以为起于《左传》。但《左传》的原有组织是否如今传之本，已成为国学上一个重要的问题。在此问题未解决前，吾们不能遽加论定。梁启超则以为起于陆贾《楚汉春秋》，而深惜其书的不传；殊不知《楚汉春秋》乃《新语》的别名，与《晏子春秋》等的以"春秋"题名同义，并非纪述楚、汉间事的编年史。所以新编年体的第一部书，实始于荀悦的《汉纪》。

同为编年体，还可分为历代的编年和一代的编年二体；前者属于通史，后者为断代史之流；前者始于《竹书纪年》，后者即始于《汉纪》，而以《春秋》为其滥觞。

《竹书纪年》原有十三篇，晋太康二年，盗发汲郡魏安釐王冢，得竹简书数十车，《纪年》即在其中。武帝诏付秘书校缀次第，写以今文，始传于世。书中所记，最骇人听闻的，如夏启杀伯益、太甲杀伊尹、文丁杀季历等；又言夏的年祚，较殷为长。凡此种种，均与儒家旧说不相容，故其书历经删削，到宋代仅剩残余。今本乃宋以后人窜补，愈失其真。清朱右曾别辑《汲冢纪年存真》二卷，今人王国维因之，更成《古本竹书纪年辑校》一卷，稍复本来面目。然所辑仅四百二十八条，较之原书，不知还佚去多少呢！

除了《纪年》外，历代的"编年"史，当以司马光的《资治通鉴》为最先，且又最著。此书系续《左传》，上起战国，下终五代，千三百六十二年间大事，按年纪载，一气衔接，凡二百九十四卷。光于治平四年奉诏作书，元丰七年奏上，凡历十九年而后毕。其采用的书，正史之外，杂史多至三百二十二种。其残稾在洛阳的尚盈两屋，故非掇拾残剩者可比。参修的人，又皆为通儒硕学，如汉以前及汉属刘攽，三国至南北朝属刘恕，唐及五代属范祖禹，都能尽其所长。光门人刘安世尝为撰《音义》十卷，今已佚。南宋时注者纷纷，颇多乖谬。元胡三省汇合众注，订伪补漏，为作《音注》，历三十年，稿经三失，始告成功。他又将司马光自著的《资治通鉴考异》三十卷，散入各本文之下。《考异》之作，本在参考各书同异，说明去取的原意，以祛后人的疑惑；其书本为单行，自后遂合为一。三省又著《释文辨误》十二卷,以正史炤《通鉴释文》之误,附刊于全书之后。清人陈景云作《胡注举正》十卷,今存一卷,参订《音注》谬误,尤多是正。《通鉴》有《目录》三十卷,《释例》一卷,都为司马光自撰。相传光晚年患原书浩大难读,著《通鉴举要历》八十卷,又作《通鉴节文》六十卷,现已不传。光又有《稽古录》二十卷,所纪上起伏羲,下至英宗治平之末,较《通鉴》为完备,最便于初学的检阅。

同时有刘恕作《通鉴外纪》十卷,计《包羲以来纪》一卷,《夏纪》、《商纪》共一卷,《周纪》八卷;终于周威烈王二十三年,与《资治通鉴》相接。又有《目录》五卷,亦全仿《通鉴目录》的例。司马光为之作序。南宋朱熹就《资治通鉴》稍加点窜,作《通鉴纲目》五十九卷,窃比孔子的作《春秋》,其书不逮光作远甚。金履祥又病刘恕《外纪》失之好奇,乃作《通鉴前编》十八卷,《举要》三卷。明人陈桱复补《前编》之遗,兼续光书,叙辽宋史事,作《通鉴续编》二十四卷。此外续光书的,有李焘《续资治通鉴长编》五百二十卷,叙北宋一祖八宗事迹。刘时举更续焘书作《续宋编年资治通鉴》十五卷,起高宗,讫宁宗嘉定十七年。明薛应旗作《宋元资治通鉴》一百五十七卷,清徐乾学作《资治通鉴后编》一百八十四卷,毕沅作《续资治通鉴》三百二十卷,都是直接上续光书。但毕沅书最为完备,所以最为通行,而其他二书皆废。

《春秋》虽记鲁国的史事,然原书系经而非史,故言一代的编年的开始,当推《汉纪》。汉献帝以《汉书》繁博难读,诏荀悦为之删订,悦乃撰《汉纪》三十卷。他自述云:"列其年月,比其时事。撮要举凡,存其大体,以副本书。"又称:"省约易习,无仿本书。"他的动机,本在于节钞旧书。但结构既新,遂成为创作。是书出后,学者称便,自后仿作的遂很多。著名的有张璠及袁宏的《后汉纪》各三十卷,孙盛的《魏氏春秋》二十卷,习凿齿的《汉晋春秋》四十七卷,干宝的《晋纪》二十三卷,徐广的《晋纪》四十五卷,裴子野的《宋略》二十卷,吴均的《齐春秋》三十卷,何之元的《梁典》三十卷等。然除袁宏《后汉纪》外,皆不传于世。清陈鹤有《明纪》六十卷,亦为一代的编年,今尚流传。

〔问题〕

(1) 编年和纪传的分别怎样?

(2) 古代的编年体怎样?

(3) 新编年体始于何人?

(4) 编年体可分哪几种?

(5)《竹书纪年》的来历和内容怎样?

(6)《资治通鉴》的内容和著作的经过怎样?

(7) 司马光的著作除《资治通鉴》外尚有何书?

(8) 后人续《通鉴》的著作有哪几种?

(9) 荀悦作《汉纪》的动机怎样?

(10) 和《汉纪》同性质的一代编年史有哪几种?

五 纪事本末

纪事本末与纪传、编年的不同,在于纪传以人为主,编年以时为主,而纪事本末则以事为主。纪事本末的创始人为宋袁枢。关萃祥谓"学者欲求一事之本末,原始而要终,则'编年'者患其前后隔越,'纪传'者患其彼此错陈。……袁氏枢有见于此,乃作《通鉴纪事本末》,揭'事'为题,类叙而条分,首尾详备,巨细无遗"。但考袁枢本意,不过欲省翻检之劳,为自己研究谋一方便,故钞《通鉴》,以事为起讫,将千三百六十余年之书,约之为二百三十九事。不意书成而成为一新体。梁启超以为"善钞者可以成创作。荀悦《汉纪》而后,又见之于宋袁枢之《通鉴纪事本末》"。其言甚确。

《通鉴纪事本末》凡四十二卷，作者袁枢，为宋之建安人。枢依司马光《资治通鉴》，区别门目，以类排纂；每事各详起讫，自为标题；每篇各编年月，自为首尾；始于三家分晋，终于周世宗的征淮南。宋孝宗见而嘉叹，以赐东宫及江上诸帅。但全书所述，仅限于政事，关于社会其他部分的事项，尚付阙如。因为作者本以钞《通鉴》为主，所述不容出《通鉴》以外，故亦无怪其然。

与袁枢同时，有章冲作《春秋左传事类始末》五卷，成书之期，仅迟于《通鉴纪事本末》九年。冲乃叶梦得的女婿，梦得深研《春秋》，故冲亦颇用心于《左传》。他乃取诸国事迹，排比年月，各以类从，使节目相承，首尾完具。《四库全书总目提要》因其成书"在枢书之后九年"，以为"殆踵枢之义例而作"。不知确否？

较后，有杨仲良的《皇宋通鉴长编纪事本末》。李焘所著《续资治通鉴长编》，卷帙繁重，仲良乃另为分门别类，编成此书。每类之中，仍以编年纪事。计太祖七卷，太宗七卷，真宗十四卷，仁宗二十四卷，英宗四卷，神宗三十四卷，哲宗二十六卷，徽宗二十八卷，钦宗六卷：共一百五十卷。每朝各有事目，目中复有子目，北宋百七十年中政制的沿革兴废，粲然具备。且李焘原书，今本已佚去徽钦二朝，赖此得以考见他的大概。仲良此作，宋、元、明三代的史志及诸家目录，均不见著录，清代编《四库全书》时亦未见。阮元得抄本进呈，为作《提要》，始显于世。

《宋史纪事本末》二十六卷，乃明人陈邦瞻所作。起初有礼部侍郎冯琦，欲仿《通鉴纪事本末》的例，论次宋代事迹，分类排纂，以续袁枢的书，未成而没。御史刘曰梧得他的遗稿，因命邦瞻增订成书。全书十之三为琦原作，十之七为邦瞻所增，自太祖代周，至文、谢的死，分一百九目。书中纪事，兼及辽、金，故《四库书目》以为："当称《宋辽金三史纪事》，方于体例无乖。"

邦瞻又著《元史纪事本末》，凡四卷，列目二十有七。其中《律令之定》一条，为臧懋修所增。是书根据，不出《元史》与《续纲目》二书；又于元、明间事，以为应入《明史》，故远不及《宋史纪事本末》的赅博。

《明史纪事本末》为清人谷应泰所撰，凡八十卷，每卷一目。此书成时，《明史》尚未刊定，故取材多从野史。相传张岱尝辑明一代遗事，作《石匮藏书》；应泰撰此书，乃以五百金购求其稿，岱慨然应允。应泰此书，如与取材仅囿于正史的他书相较，实有天壤之别。

高士奇因章冲的《左传事类始末》，加以推广，作《左传纪事本末》五十四卷。凡周四卷，鲁十一卷，齐七卷，晋十一卷，宋三卷，卫四卷，郑四卷，楚四卷，吴三卷，秦二卷，列国一卷，分目各如其卷数。章冲书以十二公为记，此书则以国为记，故编法略异。他所定编书的例，有补遗、考异、辨误、考证、发明五条，可见他不是专盲从原书，而曾加以一番精审的研究的。

《三藩纪事本末》四卷，为清康熙时杨陆荣所撰。是书首纪福王、唐王、桂王始末及四镇、二案，马阮之奸；次纪顺治初平浙、平闽、平粤、平江右事迹及鲁王、益王之乱，饶州死难诸人，金声桓之乱及清兵南征，何腾蛟、瞿式耜之死，孙可望、李延龄之变；次为桂王入缅，蜀乱、闽乱及杂乱。在他的凡例里，自称"搜罗未广，颇有疏漏"，颇有自知之明。

此外以纪事本末为书名的，尚有张鉴的《西夏纪事本末》三十六卷，李有棠的《辽史纪事本末》四十卷，《金史纪事本末》五十二卷。此三书，与《通鉴纪事本末》、《宋史纪事本末》、《元史纪事本末》、《明史纪事本末》、《左传纪事本末》及《三藩纪事本末》合称《九种纪事本末》，颇行于世。

此外尚有不名为"纪事本"，而其书在纪事本末一类书中占有极高的位置的，为马骕的《绎史》。此书纂录开辟至秦末的事，首为世系图、年表，不入卷数，次太古十卷，次三代二十卷，春秋七十卷，战国五十卷，别录十卷，凡一百六十卷。每事各立标题，详其始末。其事迹皆引古籍，先后排比；相类的事，别随文附注；或有异同讹舛，则为疏通辨证。故与他书排纂年月，镕铸成篇者，迥不相同。其别录十卷，为《天官》、《律吕通考》、《月令》、《洪范五行传》、《地理志》、《诗谱》、《食货志》、《考工记》、《名物训诂》及《古今人表》。前九篇亦荟萃诸书之文而成，惟《古今人表》则全依《汉书》。这十篇，相当于纪传体史的表志。总之，此书搜罗繁富，语必有征，事必赅实，在同类书中，可算是"白眉"了。

〔问题〕

(1) 纪事本末和纪传、编年有何不同？

(2) 纪事本末体创于何书？内容怎样？

(3)《左传事类始末》的作者为谁？内容怎样？

(4)《续通鉴纪事本末》的著作有哪几种？内容怎样？

(5)《宋史纪事本末》的作者为谁？内容怎样？

(6)《元史纪事本末》的作者为谁？内容怎样？

(7)《明史纪事本末》的作者为谁？内容怎样？

(8)《左传纪事本末》的作者为谁？内容怎样？

(9)《三藩纪事本末》的作者为谁？内容怎样？

(10)《九种纪事本末》是指哪几种书?

(11)《绎史》的作者为谁?内容怎样?

六 政书

政书一目,《隋书·经籍志》分为"旧事"、"仪注"、"刑法"三类,后代的多数目录学家都依据它。旧事或称故事,亦作典故;仪注或作礼法;刑法亦作政刑,亦称法令,仅名称上略有不同。清代编《四库全书》,始据钱溥《秘阁书目》,合并为政书一门。张之洞《书目答问》就袭用他,成为四种重要史体之一。

政书专纪文物制度,系导源于纪传体的《书志》一门。然纪传体大都为断代史,故所叙《书志》,如欲追叙来源于前代,则有犯体制;不叙则又源委不明,往往捉襟见肘,不能尽善尽美。于是令人感到有统括史志,别成专书的必要。唐人杜佑的《通典》,便是应这要求的第一部创作。

《通典》凡二百卷,分为食货、选举、职官、礼、乐、兵、刑、州郡及边防八门,每门又各分子目。门目的次序的先后,据他的《自序》说:"既富而教,故先食货;行教化在设官,任官在审才,审才在精选举,故选举、职官次焉;人才得而治以理,乃兴礼乐,故次礼次乐;教化堕则用刑罚，故次兵次刑；设州郡分领，故次州郡；而终之以边防。"是很有意义的。所载上始黄、虞，讫于唐之天宝；肃、代以后，或有沿革，亦附载注中。此书虽名为杜佑创作，实在也有蓝本。在他之先有刘秩这个人，尝仿《周官》体制，摭拾百家旧籍，分门排比，作《政典》三十五卷。佑以为犹未详备，因补其所缺，增益新目，遂另成这部巨著。此书虽以创作推尊，然疏漏实多，而体制亦不如宋人郑樵《通志》的可取。

《通志》亦二百卷，它的体裁，和《通典》不同，为通史体。梁武帝尝勅吴均等续《史记》作《通史》六百二十卷，上自汉代的太初，下终齐代，其书不久即散佚。郑樵继为此书，凡成帝纪十八卷，皇后列传二卷，年谱四卷，略五十一卷，列传百二十五卷。其中纪、传二体，大抵删录诸史，稍有移掇，为例不纯；年谱仿《史记》诸表的例，惟间以大封拜、大政事错杂其中，亦繁漏无定；后人谓其"终是向司马迁圈中讨生活，松柏之下，其草不植"。评骘颇确。但作者平生精力所在，全在书中二十略。二十略之目，为《氏族》、《六书》、《七音》、《天文》、《地理》、《都邑》、《礼》、《谥》、《器服》、《乐》、《职官》、《选举》、《刑法》、《食货》、《艺文》、《校雠》、《图谱》、《金石》、《灾祥》及《草木昆虫》。其中《氏族》、《六书》、《七音》、

《都邑》及《草木昆虫》五略，都为旧史书志所无。凡读《通志》的人，都注意它的二十略而不及其他，故《书目答问》也把它列入政书一门，现代学者也都以政书看视它。二十略明代已有单刻本，可见古今人的眼光大致相近。

《文献通考》为元人马端临所撰。全书凡三百四十八卷，计《田赋考》七卷，《钱币考》二卷，《户口考》二卷，《职役考》二卷，《征榷考》六卷，《市籴考》二卷，《土贡考》一卷，《国用考》五卷，《选举考》十二卷，《学校考》七卷，《职官考》二十一卷，《郊社考》二十三卷，《宗庙考》十五卷，《王礼考》二十二卷，《乐考》二十一卷，《兵考》十三卷，《刑考》十二卷，《经籍考》七十六卷，《帝系考》十卷，《封建考》十八卷，《象纬考》十七卷，《物异考》二十卷，《舆地考》九卷及《四裔考》二十五卷。此书以杜佑的《通典》做蓝本，所以《田赋》等十九考，皆依《通典》而重加离析；惟经籍、帝系、封建、象纬、物异五考，则广《通典》所未及。章学诚评它"无别识，无通裁"，正因他不是创作的原故。然其体制虽不及《通典》的简严，而详赡则远过于《通典》；所以它得与《通典》、《通志》并列为"三通"，到现在仍相沿不废。

《通典》在"三通"中成书较前，故宋人已有续作。《宋史·艺文志》有宋白《续通典》二十卷，系咸平中奉诏所作；

起唐至德初，止周显德末，凡二百余年。其书今已亡佚。乾隆时，勅诸臣撰续《续通典》一百四十四卷，起唐肃宗至德元年，终明崇祯末年；又勅撰《皇朝通典》一百卷，体制均依杜佑原书。同时又勅撰《续通志》五百二十七卷，亦止于明末，其中列传一门，较郑樵原书，略有订增；《皇朝通志》二百卷，省纪、传、年谱不作，仅为二十略，为纯粹的政书。

《文献通考》的续作，先有明人王圻的《续文献通考》二百五十四卷，其书今犹存。清高宗以其"体例糅杂，颠舛丛生"，敕命群臣重撰，书成而王圻书几废。敕撰的《续文献通考》凡二百五十二卷，分门一依马端临原书，间取王圻所作，然所存不及十一。同时又敕撰《皇朝文献通考》二百六十六卷，分门初亦依马氏原目，嗣增群庙、群祀二门，故为二十六目。这二书与马端临原作合称"三通考"。

上述"三通"、"续三通"及"皇朝三通"，总称为"九通"。研究的人或嫌其卷帙过繁，互多重复，乃有《三通考详节》、《文献通考节要》、《九通通》、《二十四史九通政典类要》等节本行世；但删节适当的可称没有。

"九通"之外，如各代《会要》、《会典》等书，亦为政书要籍。但"九通"各方面皆叙到，而《会要》仅专属一面,所以"九通"行,而其他诸书都可废了。

〔问题〕

(1) 政书的来源和内容怎样?

(2) 《通典》的作者为谁?内容怎样?

(3) 《通志》为何种体裁?作者为谁?内容怎样?

(4) 《文献通考》的作者为谁?内容怎样?

(5) 何谓"三通"?

(6) 《通典》有哪几种续书?

(7) 《通志》有哪几种续书?

(8) 《文献通考》有哪几种续书?

(9) 何谓"九通"?

(10) "九通"外还有何种重要政书?

七　附——史评

史评一门,自来目录家所著录,都包含二种性质绝不相同的书籍:一种是批评史事的,一种是批评史书的。批评史事的,专对于历史上发生的事迹作评论,像《左传》的"君子曰"、《史记》的"太史公曰"以下文字即属此类。后来各纪传体史、编年体史皆沿用不废。也有著为专篇的,像贾谊《过秦论》、陆机《辨亡论》之类。宋、明以来,文人专尚空谈,于是又有史论专书,像吕祖谦的《东莱博议》、张溥的《历代史论》、王夫之的《读通鉴论》及《宋论》一类书籍出世。然均属论辩文的一体,与史学无关。至于批评史书的一类,不独为研究历史的基础书籍,而且也为谈史学的人所不可废。本文所述,即专主这一类。

梁启超尝说过:"自有史学以来二千年间,得三人焉:在唐则刘知幾,其学说在《史通》;在宋则郑樵,其学说在《通志总叙》及《艺文略》、《校雠略》、《图谱略》;在清则章学诚,其学说在《文史通义》。"至于近代,有梁启超的《中国历史研究法》、顾颉刚的《古史辨》、何炳松的《通史新义》,对于史学尤有崭新的供献。

《史通》凡二十卷,计《内篇》十卷,三十九篇;《外篇》十卷,十三篇。《内篇》中《体统》、《纰缪》、《弛张》三篇,今已有目无书;但考《唐书》本传,已称知幾著《史通》四十九篇,可见三篇的佚失,远在修《唐书》之前。作者刘知幾,本名子元,官秘书监时,与萧至忠、宗楚客等争论史事不合,故发愤著此书。书中《内篇》皆论史家体例,辨别是非;《外篇》则述史籍源流,及杂评古人得失。他自述他作《史通》的宗旨道:"《史通》之为书也,盖伤当时载笔之士,其义不纯;思欲辨其指归,殚其体统。

其书虽以史为主,而余波所及,上穷王道,下掞人伦。……盖谈经者恶闻服、杜之嗤,论史者憎言马、班之失;而此书多讥往哲,喜述前非,获罪于时,固其宜矣。"他对于作史主张,有与众人不同者六点:一、史贵直书;二、应用当代方言;三、叙事尚简;四、可以无表;五、天文、艺文可以不志;六、篇幅不必命题;七、文人不宜作史;八、烦省不必拘泥。此种见解,颇与现代新史学家主张相近。其书有清人浦起龙为作《通释》,颇多臆改;纪昀删繁去复,成《削繁》四卷,流行颇广。

《通志》凡二百卷,内容已见前述。它的自述道:"凡著书者虽采前人之书,必自成一家之言。……臣今总天下之大学术而条其纲目,名之曰《略》。凡二十略,百代之宪章,学者之能事,尽于此矣。其五略,汉、唐诸儒所得而闻,其十五略,汉、唐诸儒所不得而闻也。"又云,"夫学术造诣,本乎心识,如人入海,一入一深。臣之二十略,皆臣自有所得,不用旧史之文。"他的自负颇不浅。章学诚评《通志》,谓"例有余而质不足以副"。可谓知言。

《文史通义》凡八卷,计《内篇》五卷,六十一篇;《外篇》三卷,亦六十一篇。附《校雠通义》三卷,九篇。作者章学诚,在书中自述他作书的旨趣说:"郑樵有史识而未有史学,曾巩具史学而不具史法,刘知幾得史法而不得史意,此予《文史通义》所为作也。"又云:"拙撰《文史通义》,中间议论开辟,实有不得已而发挥,为千古史学开其榛芜。然恐惊世骇俗,为不知己者诟厉。"又说:"吾于史学,自信发凡起例,多为后世开山。而人乃拟吾于刘知幾;不知刘言史法,吾言史意;刘议馆局纂修,吾议一家著述。"学诚以为"六经皆史",史外无文,故名其所作为《文史通义》;他的偏见,正与古文家主张"文以载道"相同。然学诚生于二家之后,于学术大原,自有一种融会贯通的特别见地,故所论多与近代西方史学家言相暗合。胡适为作《章实斋年谱》,多所推崇;姚名达复为之增订,于他的学术更多发挥。

梁启超所著《中国历史研究法》,本是他拟作的《中国文化史》的第一卷,分为《史之意义及其范围》、《过去之中国史学界》、《史之改造》、《说史料》、《史料之搜集与鉴别》及《史迹之论次》六章。书中多新颖卓特的见解,而尤在肯以他自己治史的方法传人。顾颉刚的《古史辨》,现在已出至第四册,内容多为主张或讨论关于古史的文章。他的学术思想,来源于清崔述的《考信录》,故于辨别古代史事真伪,独有所见。至何炳松的《通史新义》,更融会古今中外史学家说于一炉,于通史之学,尤特别有所贡献。

此外如清人王鸣盛的《十七史商榷》、钱大昕的《廿二史考异》、赵翼的《廿二史札记》等书，似专为考证纪传诸史而作，实则与史评同属一类。惟彼等专门指定某种史籍发论，史评则泛论诸史短长而别抒己见，等于现代所谓史学概论，这就是他们不同的所在了。

〔问题〕

(1) 史评可分几种？

(2) 批评史事的有哪些著作？

(3) 批评史书的有哪几种名作？

(4) 《史通》的作者为谁？作书的动机及内容怎样？

(5) 《史通》对于作史的主张若何？

(6) 《通志》作者怎样的自负？

(7) 《文史通义》的作者为谁？作书的旨趣怎样？

(8) 《中国历史研究法》的作者为谁？内容怎样？

(9) 《古史辨》的作者为谁？内容怎样？

(10) 《通史新义》的作者为谁？内容怎样？

(11) 专考证纪传诸史的有哪几部著作？与史评有什么不同？

第五讲

文 学

第一章 总 论

一 文的定义

在中国的古书上,文与文学是有不同的意义的。

"文"字的意义有三:一为纹画的"文",如《说文解字》:"文,错画也。"《礼记》:"被发文身。"《周礼》:"画绘之事,青与赤为之文。"二为纹饰的"文",如《论语》:"文质彬彬。"《广雅》:"文,饰也。"《左传》:"言之不文,行而不远。"三为文字的"文",如《孟子》:"不以文害辞。"《说文解字》序:"依类象形谓之文。"《左传》:"有文在其手。"

至于"文学"二字的意义,既与"文"字不同,也和近世所谓文学不相合。古书上的"文学"二字的意义有三:一为学科的名称,如《论语》:"文学:子游、子夏。"二为研究文学的人的名称,如《韩非子》:"此世之所以多文学也。"三为官吏的名称，如蒙恬做典狱官，史称"典狱文学"。

文的最普通的意义，乃指文章而言，正如章炳麟所说："以有文字著于竹帛，故谓之文。"但文章与文学不同，它是把应（用）文和艺术文合在一起，成为一切用文字连缀而成的篇章的总称。《论语》上的"辞，达而已矣"的"辞"字，意义也与文章相近。晋代学者，分文章为文、笔二种；文指纯文学，笔指杂文学。到梁萧统编《文选》，排经、子、史于文学之外，以"事出沉思，义归翰藻"的当做文，文、笔的界限就更显明的有所分别。后来刘勰著《文心雕龙》，推翻文、笔之分，唐韩愈又倡"文以载道"的谬说，于是小视诗歌，鄙弃小说，除了"明道"以外无文学了。

那么文究竟是什么呢？也就是文学究竟是什么呢？这个问题的答案，人各不同，实难确定。但比较最得当的说法，要推胡适在他的《什么是文学》一文里所说，"文学是达意表情的工具，达意达得好，表情表得妙，便是'文学'。"

〔问题〕

(1) "文"的本义是什么？

(2) 文学的本义是什么?

(3) 文章和文学有何不同?

(4) 文和笔怎样分别?

(5)《文选》中所收为哪一类文章?

(6) 刘勰、韩愈对于文学的功罪如何?

(7) 文学的定义怎样?

二　文学的起源

文学的起源为诗歌,而诗歌实产生于文字之先。所以它产生的动机,决不在"著之竹帛,传之万世",而丝毫没有功利的观念。

诗歌是怎样发生的呢?人类是最富于想象和情感的高等动物。当在太古时代,他们刚从原人进化而为纯粹的人类,对付环境,渐由用手而趋于用脑,于是渐渐有了灵敏的感觉。他们受到大自然的种种赐予,不免欢喜而感激,便不期然而然的发出一种赞叹歌慕的声音,自然而和谐,流利而清亮,不但倾泻自己的快感,还可以感动他人,促成同样的快乐。这样,诗歌便发生了。

文学在起源的时候,内容是十分简单的。后来又利用他们的想象力,创造了种种美妙的意境。他们感到大自然种种作用的神秘而不可测，遂凭他们的想象力，创造了许多事物起源说，以满足他们求知的欲望。好像盘古氏开天辟地；共工氏头触不周山，以致天倾西北，地陷东南；……都是为了要解答他们对于天地怎样起源，西北何以有高原，东南何以有海的怀疑，而用想象力创造出来的答题。自是以后，文学的内容，就逐渐丰富了。

"文学是人生的反映"这句时髦话，就是根据了文学怎样的起源而说的。

〔问题〕

(1) 文学起源于什么？产生的动机怎样？

(2) 诗歌是怎样起源的？

(3) 文学的内容是怎样丰富的？

(4) 为何说"文学是人生的反映"？

三 文学的分类

要明白文学的分类，先要知道四部中集部的源流，以及文选家所称为文的究竟有哪几种文体？

"集"字有"会聚"或"杂合"的意思。所以称为"别集"，大抵因为某一家著作中所辑的文章，是杂集各种学术或各种文体而成。所以经、子、史都专守一家之言，集部则反是。属于集部的书籍，《汉书·艺文志》列入《诗赋略》，荀勖《中经簿》列入丁部，王俭《七志》列入《文翰志》，阮孝绪《七录》即称为《文集录》。自《隋书·经籍志》正式以经、史、子、集分部，又把集部分为楚辞、别集及总集三类；《四库全书》更增诗文评及词曲两类，至今相沿不废。

《汉志》的《诗赋略》，分为屈原赋、陆贾赋、荀卿赋、杂赋、歌诗五类。在《后汉书》、《三国志》、《晋书》诸史文士诸传中，称他的著作，往往说他著有诗、赋、论、议、书、记、碑、箴、颂、铭、诔等若干篇。至《文心雕龙》则分文为二十类，为论、说、辞、序、诏、策、章、奏、赋、颂、歌、赞、铭、诔、箴、祝、记、传、铭及檄。萧统《文选》分诗文为三十七类；明吴讷《文章辨体》分为五十类；徐师曾《文体明辨》分为百有余种：均不甚妥善。清姚鼐辑《古文辞类纂》，分文章为十三类，为论辨、序跋、奏议、诏令、书说、赠序、传状、碑志、杂记、箴铭、颂赞、哀祭及辞赋。曾国藩《经史百家杂钞》则分为三门十一类：一为著述门，分为论著、词赋、序跋三类。一为告语门，分为诏令、奏议、书牍、哀祭四类。一为记载门,分为传志、叙记、典志、杂记四类。吴曾祺编《涵芬楼今古文钞》,依姚鼐所分十三类,每类复分细目,共有二百十三目。张相辑《古今文综》,分为十二类,三十六纲,四百五十五;十二类为:论著、序录、书牍、赠序、碑文、墓铭、传状、志记、诏令、表奏、辞赋及杂史。

照上面所举的种种看来,他们都仅以诗、文、词、赋为文学。在现代文学家所视为站在文学正宗地位的小说与戏曲,从未被列为文学的一目。小说自《汉志》起,向列入诸子中;且所谓小说,亦仅限于琐语、杂记一类,宋人的平话及明、清的通俗演义却并不列入。至戏曲一目,为后来所产生,仅有不满千年的历史,当然尤不为人重视了。

本书斟酌古今,分为诗歌、赋、词、小说、弹词、曲六大类,而以"古文与文论"附于后。

〔问题〕

(1) 何谓集?它的内容怎样?

(2) 《汉书·艺文志》分诗赋为哪几类?

(3) 《文心雕龙》分文体为哪几类?

(4) 《古文辞类纂》分文体为哪几类?

(5)《经史百家杂钞》的分类法怎样?

(6)《涵芬楼古今文钞》的分类法怎样?

(7)《古今文综》的分类法怎样?

(8) 小说与戏曲在过去学术上的地位怎样?

第二章 各 论

一 诗歌

诗歌为最初的文学,且发生于有文字之先,已见前述。它原以诵与咏为主,所以班固说:"诵其言,谓之'诗';咏其声,谓之'歌'。"但最初的诗歌仅为谣谚,《击壤歌》(这是一首现存的最古的诗)、《南风歌》、《卿云歌》一类的古歌,和后代所称诗歌,全然异致。《诗经》中的《国风》,为集古歌谣的大成,所以它的作风,亦与后代诗歌不尽相同。总之,诗歌的起源为谣谚,但诗歌的正式成立,却自所谓古体诗始。

凡称为诗歌,必须备具四个重要条件:一为句数有定限;二为一句的字数整齐;三为句中各字平仄调和;四为句尾押韵。具有这四个条件的,始于古体诗,而完成于近体诗。古体诗又有古诗、乐府之分;近体诗亦有律诗、绝句之别。汉、魏、六朝的诗歌均为古体诗。自唐代近体诗兴，自后作者，往往各体都能写作。

汉、魏、六朝时，盛行五言古诗与乐府诗。古诗与乐府的分别：仅在前者不曾入乐，作于文人；后者尝付之弦管，多来自民间。汉代作家，首推苏武、李陵，所作均为五言诗。汉武帝与群臣唱和，作《柏梁台诗》，不独为七言诗所始，又为联句之祖。乐府始于汉初唐山夫人作《房中乐》；追武帝立乐府，广收各地的民歌，命李延年谱为新声，于是乐府大盛。又有《古诗十九首》，亦为最佳、最早的五古诗，但作者姓名都佚亡。其中有若干首，或指为枚乘、傅毅所作；或云，全为建安时曹王所制。汉末的著名诗人，当推曹氏父子及"建安七子"。曹氏父子为操与丕、植。操诗以慷慨胜，为三人之最。"建安七子"为孔融、陈琳、王粲、徐幹、阮瑀、应玚及刘桢，都是为曹氏吸引于邺下的名士。

西晋诗人，有"竹林七贤"，为阮籍、嵇康、向秀、刘伶、阮咸、王戎、山涛，以阮籍、嵇康为中心。又有所谓"二陆三张二潘一左"：二陆为陆机与陆云；三张为张华、张载与张协；二潘为潘岳与潘尼；一左为左思。相传潘岳美于容貌，每乘车出门，妇女围绕以果投之，满载而归；左思貌陋，每出常为妇女掷石于其车。东晋著名诗人，有刘琨与郭璞。琨作忼慷悲壮，璞作自然超逸。王羲之、献之父子的诗，以风流蕴藉见重。等到陶渊明出来，东晋诗坛，顿时光芒万丈了。他不但做了许多思想高超、感情丰富的古诗，而且也有飘逸高超的赋辞与散文。他的《桃花源记》与《五柳先生传》，被推为后代短篇小说之祖。

南北朝诗，日趋于雕琢形式，逐渐格律化。自沈约创四声、八病之说以后，诗体尤其加速的由古诗转变为近体诗了。宋诗人有谢灵运、颜延年及鲍照，人称为"谢颜鲍"，所作都是山水的清音。齐诗人除沈约外，有谢朓，好作古诗，李白曾为之倾倒。梁代萧衍父子，都爱作乐府，臣下有江淹、何逊。陈时大诗人，首推徐陵，庾信与王褒。后主好作艳曲，尤以乐府为多。

唐代为诗歌的黄金时代，空前绝后的大诗人杜甫、李白都生在这个时代。据《全唐诗》所录，作者共有二千二百余人，诗近五万首。律诗、绝句，均定体于此时。而唐诗的佳者，各体皆备，但总以近体诗为最。

唐诗可分为初唐、盛唐、中唐、晚唐四时期。自高祖武德初，至玄宗开元初一百年间为初唐。王勃、杨炯、卢照邻、骆宾王，号称"四杰"。苏味道、李峤、崔融、杜审言，时称"文章四友"。张九龄、陈子昂以古雅见称。

沈佺期、宋之问号称"沈宋",律诗到他们始全告成功。盛唐为由开元初至代宗大历初,凡五十余年,杜甫与李白均在此时驰骋一时,各展所长,时称"李杜"。甫诗沈郁顿挫,政治及社会的描写都极悲壮微妙;白诗飘渺神逸,而浪漫色彩很浓厚。王维、李颀、高适、岑参,时称"四子"。维、适、参又与孟浩然并称"王孟、高岑"。又崔颢、王湾、常建、贾至、储光羲、王之涣、王昌龄,均擅名在这个时代。中唐为由大历初,至文宗太和九年,凡七十余年。卢纶、吉中甫、韩翃、钱起、司空曙、苗发、崔峒、耿湋、夏侯审、李端,时称"大历十才子"。元稹与白居易,时称"元白",号他们的诗体为"元白体"。他们二人诗的特点,一是文字的通俗,二是内容的真实。韦应物与刘长卿号称"韦刘"。柳宗元与韩愈以古文家而兼有诗名,号称"韩柳"。孟郊与贾岛诗被称为"郊寒岛瘦"。李贺诗被称为有"鬼才"。又有李如珪、刘义、卢仝、皇甫冉、戴叔伦、李益、刘禹锡、张籍、王建,都是这时期的重要作家。晚唐为文宗开成初至昭宣帝天祐三年,凡八十余年。这时的诗,已倾向于香艳绮丽。著名的作家有李商隐、杜牧、温庭筠,时称"温李杜";商隐与牧,亦称"李杜"。皮日体与陆龟蒙并称"皮陆"。其他有韩偓、罗隐、许浑、马戴、赵嘏、朱庆余、司空图、方干等。

宋诗虽不及唐，但不模仿唐人，故亦称特出。宋初杨亿、刘筠、钱惟演等学李商隐诗格，号为"西昆体"。林逋、魏野、潘阆等学杜牧诗，号为"晚唐体"。欧阳修、梅尧臣、苏舜钦则学韩愈诗。苏轼诗才气纵横，与陆游诗并称"苏陆体"。又与黄庭坚并称"苏黄"。庭坚诗后为江西诗派所宗，他与秦观、晁补之、张耒，号为"苏门四杰"；又与同时陈后山并称"黄陈"。四杰与陈后山、李廌又称"苏门六君子"。陆游诗悲壮沉厚，多至万余首。与杨万里、范成大并称"南宋三大家"。或增尤袤，称为"四大家"。其后有永嘉人徐灵晖、徐灵渊、翁灵舒、赵灵秀，号为"四灵诗派"，作风以平易胜。

金诗人可以元遗山为代表；元诗人有虞集、杨载、范梈、揭傒斯，号为"四大家"。但不如杨维祯之以乐府擅名。明诗人特多，但多互相标榜。真配称为诗人的，初有高启及袁凯，中有唐寅与徐祯卿，末仅有陈子龙罢了。

清初诗人，当推吴伟业与钱谦益，他们与龚鼎孳号称"江左三家"。施闰章与宋琬，号称"南施北宋"。其后有王士祯倡"神韵"之说，与兄士禄、士祜号"三王"。与士祯齐名的有朱彝尊。与"神韵说"反对的，有袁枚的"性灵说"，沈德潜的"格律说"，翁方纲的"肌理说"。袁枚主张诗是诗人性情的表现，与蒋士铨、赵翼，亦称"江左三大家"。又有舒位、王昙、孙源湘,号称"三君"。同治、光绪间,范当世、陈三立等竞学宋诗,号为"同光派"。

唐诗可称为平民的文学,因作者大部为平民。宋、元、明、清四朝诗人,无一不是达官,没有一个平民,故被称为贵族文学。因为宋时的平民诗人都在作词,元、明的平民诗人都在作曲,清时平民诗人都在作弹词、山歌和小曲。他们在向另一方面发展,都在从事于时代的文学,所以任那旧体诗坛为贵族文学家所独占了。

〔问题〕

(1) 何谓诗歌?

(2) 最初的诗歌是什么?

(3) 正式的诗歌起于何体?

(4) 诗歌的主要条件是什么?

(5) 诗歌的分类怎样?

(6) 五言诗始于何时?

(7) 七言诗始于何人?

(8) 乐府始于何时?

(9) 《古诗十九首》的作者为谁?

(10) 汉末著名诗人有哪几人?

(11) "建安七子"为谁?

(12) "竹林七贤"为谁?

(13) "二陆三张二潘一左"为谁?

(14) 东晋著名诗人有哪几人?

(15) 陶潜诗文的作风若何?

(16) 南北朝时诗体的转变情形怎样?

(17) "谢颜鲍"为谁?

(18) 齐、梁、陈的著名诗人为谁?

(19) 唐代何以称为诗歌的黄金时代?

(20) 唐诗可分为哪几个时期?

(21) "唐初四杰"为谁?

(22) "文章四友"为谁?

(23) "沈宋"为谁?他们的作风怎样?

(24) 张九龄、陈子昂诗的作风怎样?

(25) 李杜诗有什么不同?

(26) "四子"为谁?

(27) "王孟、高岑"为谁?

(28) 盛唐除李杜、四子等外,尚有哪几个著名诗人?

(29) "大历十才子"为谁?

(30) "元白诗"的特点何在?

(31) "韦刘"为谁?

(32) "韩柳"为谁?

(33) 孟郊与贾岛诗的作风怎样？

(34) 李贺诗被称为什么？

(35) 晚唐的著名诗人为谁？

(36) 宋诗的性质怎样？

(37) "西昆体"的作者为谁？

(38) 学晚唐体的作者为谁？

(39) 宋诗人学韩愈的作者有哪几位？

(40) "苏黄"与"苏陆"为谁？

(41) "苏门四杰"为谁？

(42) "苏门六君子"为谁？

(43) "南宋三大家"为谁？

(44) "四大家"为谁？

(45) "四灵诗派"的作者为谁？

(46) 金诗人可以谁为代表？

(47) 元代有哪几个著名诗人？

(48) 明代的著名诗人为谁？

(49) 清初"江左三家"为谁？

(50) "南施北宋"为谁？

(51) "神韵说"倡于何人？

(52) 和"神韵说"对立的有哪几说？

(53) "江左三大家"为谁？

(54) "三君"为谁?

(55) "同光派"的作者为谁?

(56) 唐诗和唐以后诗有什么不同?

二 赋

赋本是一种诗体,《周官》太师教六诗,赋即为其一。所以班固说:"'赋'者,古诗之流也。"至于诗、赋的分别,《汉书·艺文志》说:"不歌而诵谓之'赋'。"由此可见诗可以歌,赋则仅可以诵。至"赋"字的本义,正如《释名》所云:"'赋'敷也;敷布其义谓之'赋'。"它亦为《诗经》六义之一,朱熹解作"敷陈其事而直言之"。后世称作诗为"赋诗",尤可见诗、赋关系的密切。

赋来源于《楚辞》,盛行于两汉六朝,历隋、唐而衰。《汉志》分赋为四类:一为"屈原以下二十家赋";二为"陆贾以下二十一家赋";三为"孙卿以下二十五家赋";四为"杂赋十二家"。第一类为"言情之赋",出自《楚辞》,盛行于两汉。第二类为"纵横之赋"。第三类为"效物之赋",后来均不甚流行。第四类为"杂赋",盛行于六朝、隋、唐。这种分类,大概以"赋"的效用为主。至扬雄所云:"诗人之赋丽以则,辞人之赋丽以淫。"乃是指作者的态度而说。正和现代学者分文学为人生的文学、艺术的文学二种一样。如以赋的演变来分,那就有古赋、骈赋、律赋、文赋等的分别。古赋盛于汉代,虽丽而淫,尚不失古意;骈赋盛于六朝,重辞采而失情感;律赋盛于唐,以平仄谐和,对偶巧妙为工,置辞与情于不顾;文赋盛于宋,以散文之法作赋,专尚说理,不拘字句格律。总之,赋自当以《楚辞》为正则,自汉以后,愈趋愈下,日向衰微的路上去了。

《楚辞》是一部赋集的名称,为刘向所定,作者有屈原、宋玉、景差等。黄伯思以为:"屈、宋之文,皆书楚语,作楚声,纪楚地,名楚物,故谓之《楚辞》。"所以《楚辞》可以说是楚国的文学。但是《诗经》是一部诗歌总集,为什么《国风》中没有《楚风》呢?因为楚国在南方,南方文化晚开,故春秋时的楚国尚未有文学。楚国有文学,实始于战国时。以作者论,可以谓始于屈原。屈原的著作,《汉志》著录二十五篇,今所传仅有《离骚》、《九歌》、《天问》、《九章》、《远游》、《卜居》、《渔父》等篇。《离骚》全篇,以十四节四十七章组成,所写都为"离别之忧愁"。《九歌》十一篇,以楚国固有的乐章润色而成。《天问》一篇,乃作者在楚先王庙题壁的文字,殊多今人不可解的神话。《九章》九篇,作于放逐之后,故其中《哀郢》、《怀沙》二篇,尤见沉痛。《远游》一篇,多出世思想。《招魂》题屈原作;或以为宋玉作,以招屈原之魂,未知孰是?《卜居》、《渔父》各一篇,因文中作者自设问答的口气,故或以为后人所追记。在《楚辞》中,尚有《九辩》九篇,宋玉作。《大招》一篇,景差作;或亦作屈原作。王逸本更附录汉人拟《骚》的作品,故今本《楚辞》,有贾谊的《惜誓》一篇,淮南《小山招隐士》一篇,东方朔《七谏》七篇,严忌《哀时命》一篇,王褒《九怀》九篇,刘向《九叹》九篇及王逸《九思》九篇。

汉代为赋的黄金时代,不过是就数量而说。其实汉赋已失去自然的情致,以铺张雕饰为贵,虽有几分古赋气息,比六朝为胜,但总较《楚辞》为退化。因为赋在汉代,是人主万几之暇的消遣物,与俳优一样,所以多务谄媚夸张。成帝时进御之赋有千余首,量虽可惊,实质已不可知。汉初作者,有陆贾与贾谊。较后,有枚乘。武帝爱重《楚辞》,尤礼待赋家。其时有司马相如作赋二十九篇,东方朔作赋若干篇,严忌作赋二十四篇,忌族子助作赋三十五篇,刘安作赋八十二篇,吾丘寿王作赋十五篇,司马迁作赋八篇,朱买臣作赋三篇,枚皋作赋百二十篇。武帝后著名的赋家有:刘向作赋三十三篇,王褒作赋十六篇,扬雄作赋十二篇。同时又有崔骃与冯衍,亦以能赋名。东汉时,班固以作《两都赋》著,张衡杰作,有《西京赋》、《东京赋》、《南都赋》等,李尤著有《函谷关》等赋,马融以作《笛赋》著,祢衡的杰作为《鹦鹉赋》,王粲的杰作为《登楼赋》,大诗人曹植所作,以《感甄》一赋最为动人,后来改名为《洛神赋》。此外赋家,尚有王逸、王延寿、傅毅、李尤、蔡邕等。举之不尽。

六朝的赋,日进于骈。晋初竹林七贤中,阮籍著有《首阳山》等赋,嵇康有《长笛赋》等,向秀有《感笛赋》。陆机有《叹逝赋》、《文赋》,潘岳有《秋兴》、《怀旧》、《寡妇》等赋,左思以《三都赋》著名,赋出时,洛阳为之纸贵,郭璞有《江赋》、《南郊》等赋,大诗人陶潜有《闲情赋》、《归去来辞》等。南北朝时,谢惠连以《雪赋》著称,谢庄著有《月赋》等,鲍照著有《芜城》等赋,江淹著有《恨赋》等,庾信的杰作为《哀江南赋》。其他如张融、徐陵、沈约、任昉、邱迟、萧衍父子,莫不以能赋擅名。

唐初仍风行骈体,但已不限于赋,故亦称骈文。四杰(王勃、杨炯、卢照邻、骆宾王)所作,都为此体。萧颖士、李华、陆挚亦以善骈文名。及韩、柳倡古文,骈文中衰。唐末,温庭筠、李商隐、段成式的"三十六体"兴,纯粹的四六文始成立,也就有了真正的律诗。

宋人以散文法著赋,且尚说理,就赋的立场说,已不复有赋存在。但其中如欧阳修的《秋声赋》、苏轼的《前后赤壁赋》，尚为鸡中之鹤。此外，王安石亦擅赋名。南宋赋家，有汪藻、洪迈弟兄、孙觌等。元、明人专仿古作，故一无足称。清初陈其年、毛西河，以工骈文著名。至尤侗，尤好以骈体为游戏文章。后来的大家，有胡天游、洪亮吉、汪中等。

总之，由辞赋变为骈文，正和古诗变为律诗一样，已走上了最后的路途了。

〔问题〕

(1) 何谓"赋"？

(2) 赋的来源怎样？

(3)《汉书·艺文志》分赋为哪几类？

(4) 赋的体裁有哪几种？

(5) 赋的演变大势怎样？

(6) 汉代著名赋家为谁？有何名作？

(7) 六朝著名赋家为谁？有何名作？

(8) 唐代著名骈赋家为谁？

(9) 北宋著名赋家为谁？

(10) 南宋赋家有哪几人？

(11) 清代著名赋家为谁？

三 词

词一名"诗余",又名"长短句",本是乐府的变体。"词"字的本义,为"意内言外";后人以"调有定格,句有定言,韵有定声"的诗歌叫做词,乃由引申的意义借用,以示和古今体诗的不同。它本为诗歌的一体,由诗歌进化而成;所以有的书上把它并在诗歌一起,而系之于近体诗之后。

词的来源,共有二说,一以为"诗余",一以为"新声"。这二说似相背而实相成。因为词的起源,确因由于五七言诗的不自由,而长短其词。又因为唱时散声的难记,遂填以实字。那么"诗余"一说,当然不差。但增改旧体诗调以填新词,仍受束缚,故又另创新调。新调愈多,旧体逐渐少用,甚至废弃不用。故"新声"之说,亦属不谬。

词,先有小令,后有中调,最后有长调。《填词名解》以为:"五十八字以内为小令;自五十九字始,至九十字止为中调;九十一字以外者俱长调。"或以为词初有小令;其后引长小令,叫做引词,又叫近词;更引而愈长,乃为慢词。所谓慢,乃"曼声而歌"的意思。照此说法,那么小令、中调、长调的划分,已是多事。如更限以字数,那更毫无意思了。

最早的词,可推萧衍的《江南弄》、沈约的《六忆》、杨广的《望江南》，不过那时还没有引起他人的注意。中唐以后，因诗体日蔽，所以试作词的日多。前此被称为李白作的《忆秦娥》与《菩萨蛮》，那是赝品。专作词的词家，可说始于温庭筠。但他所作的词，没有编入他的别集，却赖《花间集》以传。到五代时，韦庄有《浣花词》，冯延巳有《阳春词》，词的专集始有行世。同时著名词家，有牛峤、毛文锡、欧阳炯等，作品均见《花间集》。南唐主李璟与李煜的词，尤享盛名。煜词以哀感顽艳，更为人所称道。

宋代的词，和唐代的诗一样，不愧称为极盛时代。北宋名作家有：作《珠玉词》的晏殊，作《小山词》的晏几道，他们本是父子，所作词均以情致缠绵胜。政治家兼古文家的欧阳修，也著有《六一居士词》，词多艳荡，几令人不信出于他的笔下。柳永著有《乐章集》，在西夏，凡有井水饮处，即能歌柳词。昔人谓"柳词只好十七八女郎，按执红牙拍，歌'杨柳岸晓风残月'"，他的香艳可以想见。苏轼词以豪放称雄，较之柳永，所谓"须关西大汉，执铁绰板，唱'大江东去'"，非常的对。但他也会作香艳词，不过偶一为之罢了。秦观的《淮海词》，以婉约娟秀胜，被称为南派之宗。苏轼说："'山抹微云'秦学士，'露华倒影'柳屯田。"可见观词与永词的不同。

周邦彦以音乐家而作词,艳丽细密,为婉约派大宗,著有《清真词》。李清照的《漱玉词》也以婉约胜,青春的恋火,中年后乱离孤独的悲哀,都在她词中尽量的倾泻。南宋时,陆游、范成大词亦颇有名,然不如辛弃疾的伟大。弃疾以军人而兼词家,故英爽磊落,不作妮子态,多伤时感事之调。他与苏轼并称"苏辛"。学他的人,有刘过、刘克庄等。及姜夔出,因为他是个深通音律的人,所以专务炼字琢句,而语多生硬,著有《白石道人歌曲》。吴文英的《梦窗甲乙丙丁稿》,也专究字面,语多生涩。周密的《草窗词》,亦称《蘋洲渔笛谱》,以精妙胜。他与吴文英并称"二窗"。张炎的《山中白云词》,多黯淡苍凉之作。王沂孙的《碧山乐府》,因身经亡国,语气哀痛。但他们都为古典派的词人。此外,两宋较著名的词人,有张先、朱希真、贺铸、张孝祥、向子諲、史达祖、高观国、朱淑真等,不下五六十人。

金国作家也很多,最著名的有元好问。他以诗人而兼词家,作有《遗山乐府》。元代词家亦多,可以代表者有张翥、仇远、赵孟頫等。明初词人有高启、杨基、张綖等。至陈卧子,始以清丽婉转,成为一代大宗。

清代有词学复兴之称,词家辈出,清初吴伟业以诗人、曲家而善词家,温柔宛转一如其诗。它如作《饮水词》及《侧帽词》的纳兰容若。作《花帘词》及《香南雪北词》的吴藻,被称为清代二大词人,一凄婉而一悲壮。朱彝尊著《曝书亭词》,陈其年著《乌丝词》。二人素友好,合刻为《朱陈村词》,尤为词坛佳话。朱、陈词工于纤巧,张皋文、宛邻兄弟出而反对,所作大都沉郁疏快。其他词人,真可车载斗量,写之不尽。

宋以后的词,大都为诗人的词,不能协律,惟作长短句而已。所以历来谈词的人,往往置宋以后的词于不谈。有许多文学史上也是这样。

〔问题〕

(1) 何谓词?

(2) 词的来源怎样?

(3) 词调有何分别?

(4) 最早的词有哪几首?

(5) 专门作词始于何人?

(6) 五代的著名词家为谁?

(7) 李后主词的作风怎样?

(8) 二晏词的作风怎样?

(9) 欧阳修词何以令人不信出于他笔下?

(10) 苏轼、柳永词的作风有何不同?

(11) 秦观、柳永词有何不同?

(12) 周邦彦词的作风怎样?

(13) 李清照词的内容和作风怎样?

(14) 南宋初的著名词家为谁?

(15) 辛弃疾的个性和他所作词的内容怎样?

(16) 姜夔、吴文英、周密所作的词有何特色?

(17) 张炎、王沂孙词的内容怎样?

(18) 金、元、明的著名词人为谁?

(19) 吴伟业词的作风怎样?

(20) 清代二大词人为谁?作风怎样?

(21) 《朱陈村词》的作者为谁?词格若何?

(22) 反对《朱陈村词》的作者为谁?词格若何?

(23) 宋以后词有何缺点?

四 小说

小说在中国,来源甚古。《汉书·艺文志》以为:"出于稗官,街谈巷语、道听途说者之所造。"如淳注:"细米为稗,街谈巷语,其细碎之言也。王者欲知闾巷风俗,故立稗官使称说之。"可见古人对于小说的重视。

小说之先,必为神话与传说,中外皆然。神话多记神人的行事，传说则以古英雄为主。最古的小说如《山海经》与《穆天子传》，都属神话，西王母故事即从此二书衍出。古史中则颇多传说，如夏禹治水等类。《汉志》载小说十五家，一千三百八十篇，内有虞初《周说》九百四十三篇。"小说九百，本自虞初"，可见他在汉时声名之大，而是最早的小说专家了。

汉时至六朝的小说，内容或在更改，而其体裁均大致相同，都是琐碎的片段的记录。唐时传奇体成功，中国始有真正的短篇小说。宋代平话体兴起，小说的内容由写特殊阶级而深入一般社会，更见进步。历元、明、清三代，通俗长篇小说大盛，小说的体制遂告全备。

汉代小说传到现代的，有东方朔的《神异经》与《海内十洲记》，班固的《汉武故事》，刘歆的《西京杂记》，伶玄的《飞燕外传》，郭宪的《洞冥记》，赵晔的《吴越春秋》，不知作者的《汉武内传》与《杂事秘辛》等，内容尽为神仙之谈，与宫闱情话。六朝作者尤多，著名的有张华的《博物志》，干宝的《搜神记》，王嘉的《拾遗记》，任昉的《述异记》，刘敬叔的《异苑》，刘义庆的《幽明录》及《宣验记》，吴均的《续齐谐记》，颜之推的《还冤志》，王琰的《冥祥记》等，所记不外神怪荒诞及轮回因果之说，与汉人小说稍异其趣。晋人裴启作《语林》，其后有刘义庆作《世说》,殷芸作《小说》,沈约作《俗说》,都记闻人的名言隽行和一切杂事,以趣味为主,故有异于前面所举的许多志怪小说。

唐代小说,组织既完备,内容也扩大,凡神仙、鬼怪、艳史、轶闻,莫不包罗尽有。后人称唐代小说为传奇,原因不详。但唐人裴铏曾作小说名《传奇》,组织与内容均与同时其他小说同,或即为后人移用之以为通名。唐人传奇可分四类:一为艳情,一为豪侠,一为神怪,一为别传。艳情一类的杰作,有蒋防的《霍小玉传》,元稹的《会真记》,白行简的《李娃传》,许尧佐的《章台柳传》,陈元祐的《离魂记》,于邺的《扬州梦》,房千里的《杨倡传》等。豪侠一类,有段成式的《剑侠传》,杨巨源的《红线传》,薛调的《无双传》,杜光庭的《虬髯客传》,裴铏《传奇》中的《昆仑奴》与《聂隐娘》,柳珵的《上清传》等。神怪的故事,有张鷟的《游仙窟》,沈既济的《枕中记》与《任氏传》,李公佐的《南柯太守传》、《谢小娥传》、《庐江冯媪》及《古岳渎经》,王度的《古镜记》,无名氏的《江总白猿传》,李景亮的《李章武传》等。至如李朝威的《柳毅传》,沈下贤的《湘中怨》、《异梦录》及《秦梦记》,裴铏《传奇》中的《裴航》与《崔炜传》等,则都是艳情兼神怪的著作。别传则有韩偓的《海山记》与《迷楼记》,郭湜的《高力士传》,曹邺的《梅妃传》,陈鸿的《长恨歌传》,无名氏的《李卫公别传》等。以上诸传奇,大多为元曲家取作题材,故影响于后代戏剧者甚大。

至宋代乃有白话小说,亦称诨词小说,又名平话,又名话本,为当时说话人所用的底本。说话即现代所谓说书。说话情形,可于《说岳全传》中大相国寺一段所写,见其一斑。在宋以前,唐人的《唐太宗入冥记》、《秋胡小说》等,已为白话小说。至宋代而稍进步。宋人所作,今仅存四种,为《大宋宣和遗事》、《大唐三藏取经诗话》、《新编五代史平话》及《京本通俗小说》残本。说话本分四科,为小说、谈经、讲史、商谜。宋代四科皆备,宋以后则惟小说、讲史二科称盛。元人所作,今见讲史五种,为《武王伐纣书》、《乐毅图齐七国春秋后集》、《秦并六国》、《吕后斩韩信》(前汉书续集)、《三国志》,都称为平话,今仅《三国志平话》有流通本。考其书名,数目当不止此。且由此可见元人所作的讲史,确是不少。

明、清二代,称为通俗小说勃兴时代,作者盛极一时。施耐庵、罗贯中虽称元人,但明初尚在。他们所作的《忠义水浒传》及《三国志通俗演义》,与王世贞的《金瓶梅》,吴承恩的《西游记》,称为"四大奇书"。《西游记》又与罗懋登的《三宝太监下西洋记通俗演义》,并称"西游、西洋"。此外明人作品，有《好逑传》、《玉娇梨》、《平山冷燕》，今国外都有译本。又有《封神演义》、《东周列国志》、《精忠说岳传》等，均不知作者姓氏。明人又好作短篇小说，著名的有冯梦龙的《喻世明言》、《警世通言》及《醒世恒言》，总名为"三言"，共有小说一百二十篇。凌濛初作《初刻拍案惊奇》与《续刻拍案惊奇》，总称为"两拍"，共载小说八十篇。"三言"、"两拍"完全出世后十余年，有抱瓮老人嫌其卷帙繁重，乃选刻四十篇，名为《今古奇观》，今犹盛传。此外犹有《醉醒石》、《欢喜冤家》、《石点头》、《清平山堂话本》等，不下数十种。清人李渔亦好作短篇，有《无声戏》（一作《连城璧》）与《十二楼》。杜纲有《娱目醒心编》。不知作者的《西湖佳语》与《今古奇闻》，亦见盛行。清代著名的长篇小说，各体皆备。讽刺小说有吴敬梓的《儒林外史》，李伯元的《官场现形记》，吴趼人的《二十年目睹之怪现状》，刘鹗的《老残游记》，曾朴的《孽海花》。人情小说有曹霑的《红楼梦》，原名《石头记》，又名《金玉缘》，一名《情僧录》，或名《风月宝鉴》，又名《金陵十二钗》。原作仅八十回，后四十回为高鹗续作。续书甚多，有《后红楼梦》、《红楼后梦》、《续红楼梦》、《红楼梦补》、《红楼复梦》、《倚楼重梦》、《红楼幻梦》等，不下二十余种。写优伶妓女的小说，有陈森的《品花宝鉴》,魏子安的《花月痕》(亦名《花月姻缘》),俞达的《青楼梦》,韩子云的《海上花列传》等。借小说来发抒学问,始于夏敬渠的《野叟曝言》,李汝珍的《镜花缘》,继作者很少。侠义与公案小说,有文康的《儿女英雄传评话》,亦名《金玉缘》,又名《日下新书》,亦名《正法眼藏五十三参》。石玉昆的《三侠五义》,原名《忠烈侠义传》,俞樾改名为《七侠五义》。又有《忠烈小侠五义传》及《续小五义传》,亦题石玉昆作。署名贪梦道人作的,有《彭公案》及《永庆升平》。其他有《施公案》、《施公洞庭传》、《乾隆巡幸江南记》、《七剑十三侠》、《七剑八侠十六义》等,名目繁多,不胜枚举。

明、清传奇小说的作者亦多。明代名著有瞿佑的《剪灯新话》。清代有蒲松龄的《聊斋志异》,袁枚的《子不语》,纪昀的《阅微草堂笔记》。三家鼎峙,一以文辞胜,一以写实胜,一以说理胜。此外尚有钮琇《觚剩》,沈起凤《谐铎》等,不下数十百种,不胜细述。

清末,新体小说兴,受翻译小说的影响,作风与前此全异。所以李涵秋的《广陵潮》,陈蝶仙的《泪珠缘》一流,竟结束了过去的时代而做了旧体小说的殿军。

〔问题〕

(1) 何谓小说？

(2) 小说的来源怎样？

(3) 中国最古的小说是什么？内容若何？

(4) 中国小说体裁的变迁怎样？

(5) 现存的汉人小说有哪几种？

(6) 六朝著名的小说有哪几种？

(7) 唐人传奇可分哪几类？

(8) 唐人专写艳情的传奇有哪几篇？专写豪侠的有哪几篇？专写神怪的有哪几篇？别传有哪几篇？

(9) 唐人传奇与元明戏曲有何关系？

(10) "话本"是什么？

(11) 现存的宋人话本有哪几种？

(12) 现存的元人平话有哪几种？

(13) 四大奇书为何书？作者为谁？

(14) 四大奇书外著名的明人小说有哪几种？

(15) 明清著名的短篇小说集有哪几种？

(16) 清人的讽刺小说有哪几种名作？

(17) 人情小说有哪几种名作？

(18) 写妓女、优伶的小说有哪几种？

(19) 发抒学问的小说有哪几种？

(20) 著名的侠义与公案小说有哪几种?

(21) 清代著名的传奇小说有哪几家? 内容有何不同?

(22) 清末小说界的情形怎样?

五 弹词

弹词一名"盲词",亦名"淘真"。弹词和盲词尚有意义可寻,淘真则已不知本作何解。它来源于唐佛教徒用以宣扬教义的俗文和变文,像《维摩诘所说经俗文》、《释迦八相成道记》等,都有白有唱,后来成为宝卷的体裁。另外,唱书的人用这种体裁来做他的唱本,成为宋代的淘真。淘真的体裁虽已无书可见,但从今存的"太祖太宗真宗帝,四帝仁宗有道君"二句,可以知道与后来的弹词并无二致。唱的人大都为男女盲者,手弹琵琶,或敲鼓,口唱古今小说、平话中故事,所以叫"盲词",又叫"弹词"。至若董解元《西厢搊弹词》,虽体制与今弹词不同,然仅易诗句为词句而已,不能说完全不相关也。淘真在宋时亦分若干科,有唱赚、小唱、弹唱因缘、唱京词等,它们的分别也已无从考明。

弹词的名称,始于《西厢搊弹词》,较今名多一"搊"字。至元人杨维祯作《四游记》(《仙游》、《梦游》、《侠游》、

《冥游》),合诗歌与纪事为一体,始成今体的弹词。明人作此者很多,读《天雨花》"弹词万本将充栋"之句可以想见。它的体裁有南北之分,北词大约与"鼓儿词"相近,南词则以七字为一句,有衬字,约可分为三种:一、有唱,无表,无白;二、有唱,无表,有白;三、有唱,有表,有白。像杨慎的《二十一史弹词》为北词,其他则十九为南词。

弹词中最见盛行的《玉蜻蜓》与《珍珠塔》,相传即为明人所作。《玉钏缘》一书,拿它的内容作考证,知它也作于明末。篇幅最长的,如《安邦志》、《定国志》、《凤凰山》三部连续的弹词,合之得六百七十四回,字数至少有二百万。但作者是谁,作于何时,今都不可考。清初陶贞怀作《天雨花》,一韵到底,见解高越,为一切弹词中的白眉。陈端生续《玉钏缘》作《再生缘》,以寄其别凤离鸾之思,篇幅亦长。侯芝删改《再生缘》,续作《再造天》,另作《锦上花》,可称有清唯一女子弹词专家。邱心如作《笔生花》,内容似《再生缘》,见解稍迂腐。及程蕙英作《凤双飞》,以洒脱跌宕见称;郑澹若作《梦影缘》,酸冷似不食人间烟火;周颖芳作《精忠传》,专写英雄故事。于是弹词的内容,可谓各方俱到了。这许多名作,不但字数都在近百万或百万以上(《再造天》、

《锦上花》除外),而且都出于女子之手,在中国文学史上,是值得特别注意的。此外书很流行而不知作者的,有《三笑姻缘》、《双珠凤》、《玉夔龙》、《白蛇传》、《文武香球》、《百花台》、《双金锭》、《果报录》等,不下百余种。诸书以《三笑姻缘》的文辞最为浅俗,而《果报录》的文辞最为雅艳。

弹词之外,尚有所谓鼓词与影词,为弹词的演变。鼓词又名"大鼓",多取材小说与戏曲,如《三国志鼓词》、《西游记鼓词》等;亦有创作,如《大八义》、《小八义》等,但以叙武侠和历史的故事为多。影词的取材与鼓词同,以一人作数人口吻,字句长短自由,说白前有"出"、"上"、"下"等字样,大概是可以搬演的。这可说是小说、弹词、戏剧的混合物了。

〔问题〕

(1) 何谓弹词?

(2) 弹词的来源怎样?

(3) 淘真的体裁怎样?

(4) 弹词始于何书?

(5) 南词的体制怎样?

(6) 明人所作弹词有哪几种?

(7) 最长的弹词为何书?

(8) 著名的女性所作弹词有哪几种?

(9) 鼓词的内容怎样?

(10) 影词的体制怎样?

六 曲

曲一名"词余",是散曲和戏曲的混称。散曲又分小令和套数,戏曲又分杂剧和传奇。《散曲之研究》里说:"'曲'之单调名'小令',合单调若干成套为'套数';一套或四五套而插以'科'与'白'为'杂剧';如此再益至四五套以上,则为'传奇'。"于此可见它们演变的轨迹。

曲的来源,可分诗歌、戏剧、音乐三方面。诗进为词,句调已长短自由;但依调填词,究嫌呆板,且尤为北方慷爽的人所不喜,故曲于长短句中,可以随意加入衬字。词专长抒情、咏物,不足以代言;曲则除散曲外专以代言,而且可以无所不言。中国戏剧由古代的歌舞,一变而为戏优,再变而为演故事兼滑稽的杂戏,三变始成为杂剧。金人仿辽大乐而制为连厢词,带唱带演,然舞、唱各有其人。至元人杂剧,始以舞者自唱。金、元入中国,所用胡乐,嘈杂缓急之间,词不能按,词曲家乃更为新体词,遂有"曲"名。曲起于北方,先有杂剧,故杂剧一名北曲。后以北曲文辞粗疏,四声缺一,为文士所不满;于是用比较文雅的辞句,解放的体裁,别创新曲,名为"传奇",亦称"南曲"。它们的分别:北曲每折限一宫调,又限一人唱,每本限定四折,间加楔子;南曲没有一定的折数,一折也不限一宫调,而且不独可以几个脚色合唱一折,并可以几个脚色合唱一曲。

宋代也有所谓杂剧,乃南戏而非北曲,现都失传,仅从《武林旧事》中,可以考见它的名目有二百八十余本。金的杂剧叫院本,也都失传,名目见于《辍耕录》的,有六百九十种。这二类戏曲,都与元剧不同,无论在文辞方面,或体制方面。

杂剧的名作家,有"关、郑、马、白",被称为"元曲四大家"。关汉卿为金末人,著有剧六十三种,今存十四种,以《窦娥冤》及《续西厢》最著名。郑光祖著剧十九种,今存四种,以《王粲登楼》及《倩女离魂》为较佳。马致远号东篱,作曲十四种,今存六种,《汉宫秋》可算他的代表作。白朴亦金末人,共著曲十五种,今存《梧桐雨》及《墙头马上》二种。与四人齐名的,尚有王实甫,作剧十四种,今只存《丽春堂》与《西厢记》。又有吴昌龄作《西游记》,长至六本,为现存元曲中最长之作。此外的著名剧家，有李寿卿、尚仲贤、武汉臣、乔吉均作剧十一种，高文秀作剧三十四种，郑廷玉作剧二十四种，石君宝、王仲文均作剧十种，杨显之作剧八种。其他作剧一至七种而成名的也很多。

传奇在元末明初已有作者，且均享有佳名。如"《荆》、《刘》、《拜》、《杀》"及《琵琶记》五种，至今推为名作。《荆钗记》为朱权所作，共四十八出。《刘知远》一名《白兔记》，已不知作者姓名。《拜月亭》亦名《幽闺记》，相传为元施惠作，惠一作姓沈。《杀狗记》的作者为徐畛，剧材取之于萧德祥的《杀狗劝夫》杂剧。《琵琶记》为高明所作，他在南曲中的地位，和《西厢记》在北曲中一样。此后汤显祖作《玉茗堂四梦》（《紫钗记》、《还魂记》、《南柯梦》、《邯郸梦》），间混以北曲。《还魂记》亦称《牡丹亭》，尤为少男少女所倾倒。明末有阮大铖的《春灯谜》与《燕子笺》，吴伟业的《秣陵春》，亦称名作。此外明代名曲家，有王世贞、梁辰鱼（昆腔的创始者）、郑若庸、屠隆、沈璟、陆采、梅鼎祚、汪廷讷、徐复祚等，不下百人。

北曲在明代，作者亦夥。《荆钗记》的作者朱权，作有杂剧十二种。朱有炖作有杂剧二十七种，总名《诚斋乐府》。徐渭著有《四声猿》，清人桂馥仿之作《后四声猿》。康海著有《中山狼》。王九思作剧二种。杨慎作剧三种。黄方儒作《陌花轩杂剧》六种。来集之作《秋风三剧》及其他。吴伟业作《通天台》及《临春阁》。其他尚多,真不胜枚举。

清代曲家,虽南北曲不分,但也间有佳作。清初除吴伟业外,尚有李渔的《十种曲》(《风筝误》、《蜃中楼》、《凰求凤》、《意中缘》、《比目鱼》、《玉搔头》、《慎鸾交》、《巧团圆》、《奈何天》、《怜香伴》),情文俱妙,词彩平易,且概为喜剧。稍后,有"南洪北孔"。洪昇著有《长生殿》,孔尚任著有《桃花扇》,都是历史剧,擅名一时。昇另有《天涯泪》、《四婵娟》等剧;尚任亦另有《小忽雷》,但均不著名。又后,蒋士铨著《红雪楼九种曲》,以典丽婉雅胜,取材亦大抵为史实。《九种曲》为《香祖楼》、《空谷香》、《桂林霜》、《一片石》、《第二碑》、《临川梦》、《雪中人》、《冬青树》及《四弦秋》。其他如黄韵珊的《倚晴楼七种曲》,金冬心的《自度曲》,陈烺的《玉狮堂十种曲》,舒位的《瓶笙斋修箫谱》,唐英的《古柏堂传奇十二种》,张坚的《玉燕堂四种曲》,均为一时佳制。

清末,在舞台上的剧本,皮簧已取昆腔(传奇的一种唱法)的地位而代之,所以过去的种种戏曲,都仅供文人的欣赏。余治的《庶几堂今乐》,是他创作的皮簧戏的剧本集,共有四十种。剧台上常演的《朱砂痣》,即是此中的一种。在他以前的皮簧戏，都是昆曲的改头换面，他是皮簧戏的唯一创作者，而且后来也没有像他这样的专门创作的人了。他不但空前，也成了绝后了！

〔问题〕

(1) 曲有几种？

(2) 曲的来源怎样？

(3) 北曲和南曲有何分别？

(4) 宋金的戏曲叫做什么？

(5) 关、郑、马、白为谁？有何著作？

(6) 《西厢记》和《西游记》的作者为谁？

(7) 《荆》、《刘》、《拜》、《杀》为何人所作？

(8) 《琵琶记》的作者为谁？在南曲中的地位怎样？

(9) 汤显祖的著作怎样？

(10) 明代著名南曲家有哪几人？

(11) 《诚斋乐府》的作者为谁？

(12) 明代著名杂剧家有哪几人？有何著作？

(13) 《十种曲》何人所作？

(14) "南洪北孔"因何得名？

(15) 《九种曲》的作者为谁？

(16) 皮簧戏的创作集有何书？何人所作？价值若何？

七 附——古文与文论

古文本来是一种字体的名称，后来借用为古代的文章的意义。所谓古文，可以分为二种：一为经书中的古文，一为汉、魏的古文，后者兼包括《史记》、《汉书》等文章。这便是古文的起源，所谓"文必本于经史"，就是指这二种文章。

所谓经书，乃指《五经》、《四书》而言。经中的《左传》，书中的《孟子》，他们的文章，影响于后代更大。其余《诗》、《书》二经，亦每为后代文家所取资。汉、魏古文，以政治论文为多，著名的有贾谊、晁错、董仲舒、匡衡、刘向诸人。史书如司马迁《史记》、班固《汉书》，都是不朽的名作。此外有蔡邕的碑志，崔骃父子的箴、铭、赞、颂，均为一时佳制。魏、晋时代，仅有曹丕的书札，陶潜的散文，可以算好古文。它如诸葛亮《出师表》，李密《陈情表》，虽偶一为之，因为是他们性情的流露，亦称杰作。此外作家，都走上骈偶的路上去了。

倡导作古文的人，大家都知道是唐代的韩愈，所以后人称他"文起八代之衰"。其实前于他，已有陈子昂与张说，惟成绩不及。愈虽倡导作古文，但不是模仿古文，仅借重古人的文体，以示与骈文异致。和他同时的古文家还有柳宗元。到宋代的欧阳修,他自以为继韩愈的余绪,亦倡古文。三苏(洵、轼、辙)继其后,曾巩、王安石亦推助波澜,于是古文学大盛。以上八人,明人称之为"唐宋八大家"。明代前后七子,盛倡秦、汉文,才力不逮,无什么成绩。及归有光出,文宗欧、曾,遂为桐城派鼻祖。桐城人方苞步趋归氏,声势甚大,姚鼐继之,桐城派的势力乃遍天下。时有恽敬、张惠言与他们对抗,称为阳湖派。曾国藩本与桐城派无关,因为势位煊赫,故亦被引入。桐城派后裔吴汝纶的文,并非自桐城派习来,乃传自曾国藩。总之,所谓古文,至桐城派而盛,因为他们在清代几居文学正宗。亦至桐城派而衰,因为自桐城派而后,便没有能继起者了。但桐城派作文的方式和禁忌,究有可取,今附记于后:一、官名、地名应用现制。二、亲属名称,应仍《仪礼·丧服》、《尔雅·丧服》之旧。三、不俗——忌用科举滥调。四、不古。五、不枝。其中"不古"一项,尤有特见。

文论始于子夏《诗序》,然仅述诗的起源,而不及其他。至曹丕的《典论·论文》,始为文论的专篇;刘勰的《文心雕龙》,始为文论的专书。同时有钟嵘的《诗品》,被称为论诗的专书。又有任昉,作《文章缘起》,比列古代文章,著明它的变迁,为中国文学史的创始者。

《文心雕龙》凡十卷，自《原道》以下二十五篇，论文章的体制；《神思》以下二十四篇，论文章的工拙，合《序志》一篇，共五十篇。相传刘勰作此书成，未为时人所重。勰颇自重其文，欲取定于沈约。约时贵盛，无由得达，乃负书献于车前。约取读，以为深得文理，常陈几案，于是有名。今本已有缺文，黄叔琳为之注。

《诗品》凡三卷，所品为古今五言诗，自汉、魏以来一百有三人，论其优劣，分上、中、下三品。每品之首，各冠以序，皆妙达文理。作者钟嵘，对于诗的见解很高明，他说："吟咏情性，亦何贵于用事？'思君如流水'，既是即目；'高台多悲风'，亦惟所见；'清晨登陇首'，羌无故实；'明月照积雪'，讵出经史？观古今胜语，多非补假，皆由直寻。"所以他很反对用典和模仿的文学，他列在"上品"里的诗人，都为我们所称许的作家。他又深诋声律之病，尤攻击沈约的"八病说"。史上称他尝求沈约延誉，勿遂，以此怨约，列约诗于"中品"。这是捕风捉影之谈。因为他与沈约主张根本水火，决无往就之理，而且他的著作，自有他传世的价值，不待沈约的延誉，吾们也何尝不得拜读呢！

此外论诗论文的书虽不少，然都无创见如以上二书，所以不赘述了。

〔问题〕

(1) "古文"的本义是什么？

(2) 何谓古文？

(3) 何谓经书？他们的文章怎样？

(4) 汉魏著名的古文家有哪几位？

(5) 提倡古文始于何人？

(6) 韩愈倡导古文的情形怎样？

(7) 唐宋八大家为谁？

(8) 桐城派的鼻祖为谁？

(9) 桐城派势力盛于何时？

(10) 阳湖派的重要人物为谁？

(11) 曾国藩在清代古文家中的地位怎样？

(12) 桐城派作文的方式和禁忌怎样？

(13) 文论始于何书？

(14) 《典论·论文》的性质怎样？

(15) 《文心雕龙》的作者为谁？内容若何？

(16) 《文章缘起》的作者为谁？内容若何？

(17) 《诗品》的作者为谁？内容怎样？

(18) 钟嵘对于诗的见解与沈约有何不同？

本书所依据的重要书籍目录

一 章炳麟：《国学概论》

二 王　易：《国学概论》

三 顾尽臣：《国学研究》

四 李继煌：《古书源流》

五 陈鹤声：《中国文献学概论》

六 顾　实：《汉书艺文志讲疏》

七 纪　昀：《四库全书总目提要》

八 张之洞：《书目答问》

九 顾　实：《重订古今伪书考》

十 蔡启盛：《策学备纂》

　　　以上为第一组

一 周予同：《群经概论》

二 皮锡瑞：《经学历史》

三 吕思勉：《经子解题》

　　　以上为第二组

一 陈　柱：《诸子概论》
二 高维昌：《周秦诸子概论》
三 钱基博：《读〈庄子・天下篇〉疏记》
　　以上为第三组

一 卢绍稷：《史学概论》
二 梁启超：《中国历史研究法》
三 陈鹤声：《中国史部目录学》
　　以上为第四组

一 陈彬龢：《中国文学论略》
二 张世禄：《中国文艺变迁论》
三 谭正璧：《中国文学史大纲》
　　以上为第五组